全国高职高专汽车类规划教材编审委员会

主　任：王世震

副主任：何乔义　胡　勇　宋保林　周洪如　郭振杰
　　　　上官兵　吴喜骊　张红伟　于万海　刘晓岩

委　员：（按姓名汉语拼音排序）

曹景升	陈东照	陈　瑄	程丽群	崔培雪	崔雯辉
代　洪	戴晓锋	丁继斌	董继明	高朝祥	龚文资
郭振杰	韩建国	韩卫东	何乔义	侯世亮	胡　勇
黄杰明	黄远雄	惠有利	吉文哲	贾建波	贾永枢
李　刚	李　宏	李立斌	李效春	李　彦	李永康
李远军	刘凤波	刘鸿健	刘景春	刘晓岩	刘照军
卢　华	罗富坤	骆孟波	潘天堂	蒲永峰	强卫民
任成尧	上官兵	宋保林	宋东方	宋延东	孙海波
索文义	谭克诚	田春霞	涂志军	王凤军	王贵槐
王国彬	王海峰	王洪章	王怀玲	王　琳	王培先
王世震	王小飞	王秀红	韦焕典	韦　倾	吴东平
吴喜骊	吴兴敏	伍　静	熊永森	徐　强	闫　永
杨传福	杨会志	姚　杰	易宏彬	于万海	于秩祥
曾庆吉	张　博	张国勇	张红伟	张　军	张俊海
张立荣	张　文	张宪辉	张忠伟	张子成	赵北辰
赵伟章	赵文龙	郑　劲	周洪如	朱成庆	朱　凯

全国高职高专汽车类规划教材
国家技能型紧缺人才培养培训系列教材

汽车驾驶与交通安全

第二版

刘凤波 主编

·北京·

本书内容包括汽车基本结构和人、车、路系统基本知识，现行的道路交通安全法律、法规和规章及其具体应用，汽车基础驾驶技能，汽车道路驾驶技能以及机动车驾驶证的申办考试规定等。全书以最新修订的法律法规为依据，力求结合实际，突出实用性。书中每章有学习目标、本章小结和思考题。另外，本书有配套电子教案。

本书可作为汽车类专业选修课教材和高职高专院校的全校性公共选修课教材，也可作为相关专业和不同层次的教材。另外，本书详细叙述了汽车驾驶技能与交通安全知识，也很适合汽车驾驶与交通管理人员使用。

图书在版编目（CIP）数据

汽车驾驶与交通安全/刘凤波主编．—2版．—北京：化学工业出版社，2014.8（2024.2重印）
全国高职高专汽车类规划教材　国家技能型紧缺人才培养培训系列教材
ISBN 978-7-122-20842-2

Ⅰ.①汽… Ⅱ.①刘… Ⅲ.①汽车驾驶-高等职业教育-教材②汽车驾驶员-行车安全-高等职业教育-教材　Ⅳ.①U471.1②U491.4

中国版本图书馆CIP数据核字（2014）第116872号

责任编辑：韩庆利　　　　　　　　　　　　装帧设计：史利平
责任校对：宋　夏

出版发行：化学工业出版社（北京市东城区青年湖南街13号　邮政编码100011）
印　　装：中煤（北京）印务有限公司
787mm×1092mm　1/16　印张11½　字数276千字　2024年2月北京第2版第11次印刷

购书咨询：010-64518888　　　售后服务：010-64518899
网　　址：http://www.cip.com.cn
凡购买本书，如有缺损质量问题，本社销售中心负责调换。

定　　价：29.00元　　　　　　　　　　　　　　　　　　　　版权所有　违者必究

前言

《汽车驾驶与交通安全》自2009年出版以来,受到了各高职院校师生及广大社会读者的欢迎。几年来,我国交通事业得到了突飞猛进的发展,相关交通法规也发生了一些变化,在这种背景下修订本书,期望为读者提供更新的学习内容。

全书共七章,在介绍了汽车基本结构和人、车、路系统基本知识的基础上,分别介绍了现行的道路交通安全法律、法规和规章及其具体应用,汽车基础驾驶技能,汽车道路驾驶技能以及机动车驾驶证的申办考试规定等方面的内容。在编写过程中,以最新修订的法律法规为依据,力求结合实际,突出实用性。通过本书的学习结合报考机动车驾驶证,使学生增加一项基本技能,提高就业竞争力。

本教材可供高职高专汽车类专业作为专业选修课教材和高职高专院校的全校性公共选修课教材,也可作为相关专业和不同层次的教学及汽车驾驶与交通管理人员参考用书。

参加本书第二版编写的人员有刘凤波、李岳忠、程新、张金、水东莉、李娜、高起超等,由刘凤波担任主编并统稿。

本书有配套电子课件,可赠送给用本书作为授课教材的院校和老师,如有需要,可发邮件到hq1book@126.com。

由于编者水平有限,书中一定有疏漏和不妥之处,敬请专家、同行和广大读者批评指正。

编者

目 录

○ 第一章　汽车工业与道路交通发展概况

　　第一节　国内外汽车业发展概况..1
　　第二节　我国公路交通发展概况..4

○ 第二章　汽车构造基础知识

　　第一节　汽车的总体构造..8
　　第二节　汽车发动机的基本结构及工作原理................................13
　　第三节　汽车底盘的基本结构及工作原理....................................16
　　第四节　汽车电气与电子设备..19

○ 第三章　人、车、路系统与交通安全

　　第一节　驾驶员与交通安全..27
　　第二节　汽车结构特性与交通安全..33
　　第三节　道路交通环境与交通安全..37

○ 第四章　交通安全常识

　　第一节　车辆与驾驶人的管理规定..41
　　第二节　道路交通信号..48
　　第三节　道路通行规定..80
　　第四节　车辆装载与牵引规定..88
　　第五节　交通事故处理规定..90
　　第六节　法律责任..93
　　第七节　伤员急救常识..97

第五章　汽车驾驶基本操作技术　　101

第一节　汽车操纵机构与仪表 101
第二节　汽车基础驾驶 107
第三节　汽车场地与场内道路驾驶 113

第六章　汽车道路驾驶技术　　122

第一节　一般道路驾驶 122
第二节　复杂道路驾驶 125
第三节　特殊环境驾驶 130
第四节　高速公路驾驶 134
第五节　预见性驾驶 139
第六节　危险情况处理 141

第七章　机动车驾驶证申办与考试　　146

第一节　考试内容与合格标准 146
第二节　考试方法与评判标准 148
第三节　考试规定 152

附　录　机动车驾驶证申领和使用规定　　154

参考文献　　176

第一章 汽车工业与道路交通发展概况

学习目标

1. 了解国内外汽车工业发展概况。
2. 了解我国公路交通发展概况。

第一节 国内外汽车业发展概况

汽车是重要的交通运输工具,是科学技术发展水平的标志。汽车工业是资金密集、技术密集、人才密集、综合性强、经济效益高的产业。世界各个工业发达国家几乎无一例外地把汽车工业作为国民经济的支柱产业。汽车的研制、生产、销售、营运,与国民经济许多部门都息息相关,对社会经济建设和科学技术发展起着重要的推动作用。

汽车也是社会物质生活发展水平的标志。汽车的保有量随着国民人均收入水平的提高而增加。在许多发达国家中,汽车的数量很多并早已普及到千家万户,促使人的社会生活方式发生显著的变化。近年我国汽车工业迅猛发展,汽车数量大幅度增加,家庭拥有轿车比例迅速增加。但是,汽车数量过多也造成噪声、污染、道路拥堵、事故频发、停车场短缺等社会问题。所以,汽车工业还必须以性能优异的产品来适应环境保护、交通管理等方面的法规和政策的严格限制,同时与汽车工业发展相适应的配套基础设施建设和现代化的交通管理措施必须跟上发展的步伐。城市交通如图1-1所示。

自第一辆汽车1886年问世至今一百余年间,汽车工业从无到有,迅猛发展,产量大幅度增加,技术日新月异。2010年,全球汽车保有量已经突破10亿辆。汽车是一种物化的文化,也是现代化水平的反映。在发达国家,汽车已成为人们生活中的一部分。美国每百人拥有汽车55辆,德国为54辆,平均两个人就拥有一辆汽车。在美国,每六个企业中就有一个企业依赖于汽车的生产、发送、服务或使用,汽车工业扩大了钢铁和橡胶的产量,还推动了石化、玻璃、纺织以及其他工业技术进步。德国则有超过500万人从事与汽车相关的职业,

图1-1 城市交通

创造的价值占国家工业总收入的1/6,汽车工业纳税占全国总税收的1/4。

自20世纪初至20世纪70年代的数十年期间,美国汽车工业一直遥遥领先。日本则是后起之秀,从1950年产量仅3万辆迅速跃至1970年的529万辆,继而在1980年达到1104万辆,开始超过美国而居世界第一位。之后,日美两国交替占据世界汽车产量第一的位置。从2006～2008年,日本汽车产量连续三年位居世界第一。日、美、欧洲等资本主义国家发展汽车工业的特点是资本集中垄断,利用高科技优势,采取大批量生产方式。例如美国的通用、福特、克莱斯勒三大汽车公司垄断了美国90%以上的汽车生产,西方八大汽车集团的轿车产量,占世界轿车产量将近70%。

资本主义世界的经济衰退、能源危机、政局动荡、石油价格波动、市场竞争激烈等许多因素对汽车工业影响很大。近年来,许多发达国家的汽车保有量和需求量已渐趋饱和,汽车工业在20世纪50、60年代迅速发展的势头已减缓,企业间竞争激化,贸易保护主义迅速蔓延。美国的汽车产量连年上下波动,西欧汽车产量停滞不前,企业不景气和严重亏损导致股权转让以及兼并改组。世界各大汽车公司为了在激烈的竞争中求生存,采取将产品输出变为资本输出的对策,寻求多样化的国际合作方式,实现跨国经营。多边合作、联合生产、合资入股、渗透兼并等方式使跨国公司日益扩大,汽车的生产经营渐趋国际化。近年来中国、印度、巴西等发展中国家大量合资汽车企业的出现,就是汽车生产经营国际化的体现。

与此同时,一些新兴工业国家和发展中国家的汽车工业正在崛起。其中不少国家都用优惠政策吸引外资,采取引先进技术和装备、进口全拆散零件(CKD)装车,逐步提高国产零件的装车比率,进而使主要部件自给,然后扩大零部件及整车出口的模式发展自己的汽车工业。西班牙、巴西、韩国等国就是采取这种模式使汽车工业迅速发展的典型例子。在这些国家中,由于经济发展和国民收入逐年增长,对汽车的需求量不断增加,促使汽车工业迅速发展。另一些发展中国家也有采取合资经营或进口半拆散零件(SKD)装车等方式发展自己的汽车工业。可是,发展中国家要振兴汽车工业,都不同程度地面临工业基础薄弱、技术落后、资金匮乏、原料短缺、人才不足、销路不畅等种种困难。汽车生产线如图1-2所示。

图1-2 汽车生产线

中国的汽车工业是在1949年建国以后才建立起来的。经过60多年的艰苦创业、巩固、调整与发展，虽然与世界先进水平还有差距，但已形成相当的规模，并明确了发展方向，为迅速腾飞奠定了较好的基础。中国汽车工业自20世纪80年代迅速发展以来，势头迅猛。特别是近年来中国汽车工业呈现出井喷式的发展，2004年中国汽车产量突破了500万辆，2005年中国汽车产销量达到570万辆，成了当今世界汽车销售增长最快的地区。2009年，中国汽车产销量双双突破1300万辆，成为世界第一汽车生产和消费国。2014年初，中国汽车工业协会发布了2013年汽车产销统计，2013年我国汽车工业再次取得良好成绩：全国汽车产销2211.68万辆和2198.41万辆，比上年分别增长14.8%和13.9%，产销突破2000万辆创历史新高，再次刷新全球记录，连续五年蝉联全球第一。汽车已经全面进入中国老百姓的家庭，随着中国汽车企业内部管理成本的下降和规模的不断扩大，中国汽车价格未来还有下降的空间，同时中国老百姓收入水平不断提高，为轿车大量进入家庭提供了条件。

中国汽车工业近些年的发展速度有目共睹，但在行业发展中仍存在一些长期和短期的问题需要解决。短期问题方面，主要是伴随近两年行业效益的大幅度上升，汽车产能扩张的冲动重新抬头，这将加剧行业潜在产能过剩风险，不利于汽车市场的稳定。其次，伴随着汽车出口的大幅增加，部分企业产品质量控制不严，曾引起了海外市场对中国汽车的质疑，出口秩序亟待规范引导。长期问题方面，我国自主品牌汽车在经过多年来的发展后，虽然获得了长足的进步，市场份额不断提高，但在核心技术能力方面与发达国家相比仍存在较大差距，竞争力仍主要停留在中低档小排量汽车领域，这使得自主品牌企业在这一轮市场需求由经济型小排量汽车向中高级车升级过程中处于不利地位，市场份额下降，利润增长下滑，因此，自主品牌企业迫切需要大力加强研发，加快技术和产品升级，大幅提高产品竞争档次，但是，目前不少企业遇到了资金匮乏的问题，缺少资金成为钳制汽车研发技术升级的重要因素。近几年来，对于毫无"外援"的自主品牌而言，表面上销量增速很快，但由于技术含量低，单车利润十分微薄，难以支撑整车研发的巨额支出，而不实现技术升级只能停留在市场的底层，这已成为国内汽车产业链条上一个明显的恶性循环。因此我国汽车行业的健康发展需要国家的政策扶持和行业监管相配合。

汽车工业的发展以及汽车数量的增加带来的一系列社会问题也非常突出。如道路交通的压力，特别是城市道路交通问题；环境污染问题，汽车尾气污染已经成为城市大气污染的主要原因；交通事故频发，公安部统计数据显示，十多年来，中国交通事故死亡人数一直位居全球首位。根据公安部交管局2011年统计信息，2011年上半年，共发生涉及人员伤亡的道路交通事故91811起，造成25864人死亡，106370人受伤，直接财产损失4.4亿元。远远多于美国。

第二节 我国公路交通发展概况

我国公路在客运量、货运量、客运周转量等方面均遥遥领先于其他运输方式的总和。在今后较长的一段时间内，我国公路运输需求将随着社会经济的进一步发展继续保持快速增长趋势。

从我国公路运输需求的地域分布情况来看，随着西部大开发战略的实施、东北等老工业基地的振兴，中西部地区公路运输量的增长速度将呈现出逐步加快的趋势，但在较长的一段时期内，东部地区公路运输量所占的比重仍居于主导地位。

人均出行次数的增加使我国公路客运增长速度加快。随着人民生活水平的提高、私人汽车在家庭中的普及，预计我国公路客运的人均出行次数将继续保持高增长。随着工业化的进一步发展，货物运输中大宗货物、初级产品所占的份额将继续下降，公路的货运强度将呈逐步降低趋势，但对运输的服务水平和服务质量有更高的要求。立体交通如图1-3所示。高速公路交通如图1-4所示。

图1-3 立体交通

图1-4 高速公路交通

我国公路发展大致如下。

从建国初期至改革开放的1978年。20世纪50～60年代，根据当时形势需要和条件，公路建设基本是在原大车道、便道上修补改造进行，也有相当部分是人民解放军在进军途中边行军边施工的"急造公路"。之后，依靠国家国边防公路建设投资和"民工建勤"等方式，全国公路通车里程增长较快，达到89万公里，其中干线公路23.7万公里，县乡公路58.6万公里，企事业单位专用公路6.6万公里，但公路等级普遍很低，与当时国内汽车工业水平相比，特别是与缓慢的经济发展要求相比，总体上尚能适应。

从1978年至1985年。这一阶段国民经济恢复较快，交通紧张问题凸现，交通运输系统内结构不合理问题逐渐暴露，国家开始着力调整国民经济结构，加强以铁路为中心的运输基础设施的建设，对公路建设事业也给予了相应重视。至"六五"结束时，公路通车总里程增长到94.24万公里，其中一级公路422公里，四级及等外公路79.23万公里。"六五"期间公路通车里程年均增长1.1万公里。

"七五"时期，国家明确交通运输是国民经济发展的瓶颈产业，国务院批准设立公路建设专项基金和车辆购置附加费，专门用于公路建设。根据我国人口密度大，车辆技术水平差异大，大量农用拖拉机、牲畜车上路运输的国情，首次明确提出汽车专用公路的概念，国家开始较大规模地建设汽车专用公路，建成了沈阳至大连、上海至嘉定等共约600多公里高速公路，实现了我国大陆高速公路零的突破。"七五"期末，公路通车总里程为102.8万公里，其中高速公路522公里，一级公路2617公里，四级及等外公路61.3万公里。公路通车里程年均增长1.7万公里。

"八五"初期，根据国民经济发展对交通运输的总体要求，以及社会主义市场经济建设的特点，我国在总结以往公路建设经验后，提出公路建设的方针是"普及与提高相结合，以提高为主"，使公路建设事业能够更好地适应经济结构转变以及人民生活水平提高对公路运输质量的要求。为突出重点，在国道网规划基础上研究形成了"五纵七横"12条国道主干线规划。这一时期我国公路建设利用外资成绩斐然，对加快我国公路建设事业发展，提高公路设计、养护、管理水平起到了极大的推动作用。

"八五"以来，公路建设的特点是高等级公路通车里程增长迅速，到1996年底，全国公路通车总里程已达118.6万公里，其中高速公路3422公里，在一些大经济区域内，已经形成以高速公路为主的高等级干线公路网，如沈阳、大连、北京、天津、石家庄、德州、济南、青岛等环渤海湾地区，武汉、合肥、南京、上海、杭州、宁波等长江中下游地区以及广州、深圳、珠海珠江三角洲地区。

"九五"期间，集中力量建设"三纵两横"和两条重要国道主干线公路，除部分路段外，基本以高速公路或汽车专用公路贯通。五年新增通车里程10万公里（含中西部地区约6万公里），其中：高速公路4000公里，汽车专用公路7000公里，一般二级公路25000公里。到2000年，通车里程达126万公里，其中：高速公路6141公里，汽车专用路2万公里，二级以上公路13万公里。

三纵：同江——三亚公路，全线除哈尔滨——长春、温州——宁德、漳州——汕头及湛江——海安等路段需转入"十五"计划建设外，其余基本建成；北京——珠海公路，全线除河南许昌——湖北大悟、武汉经岳阳到长沙及广东韶关——广州段需转入"十五"计划建设外，其余基本建成；重庆——北海公路，除重庆綦江——贵州遵义段及广西六寨——南宁段需转入"十五"计划建设外，其余基本建成。

两横：连云港——霍尔果斯公路，新疆奎屯以东以高等级公路标准基本建成；上海——成都公路，除重庆长寿——湖北宜昌段对现有的公路改造外，其余以高等级公路标准基本建成。

两条重要干线：北京——沈阳和北京——上海公路，基本建成。

2001～2010年重点建设"五纵七横"国道主干线中余下的"两纵五横"主要路段；加快建设国道主干线系统以外交通特别繁忙的其他高等级公路，改善和提高边境口岸公路标准，完成川藏、青藏等国防公路的整治和改造；积极扶持未通车的行政村公路建设，实现行政村基本通公路。

改革开放30多年来，我国公路建设发展迅速，公路通车总里程由89万公里增长到358万公里，公路建设年投资规模由1978年的4.9亿元增长到2007年的6490亿元，提前13年实现了总长35000公里的"五纵七横"国道主干线的基本贯通。高速公路从无到有，发展迅速。从1988年第一条高速公路沪嘉高速公路建成通车，到2007年底，我国高速公路通车里程达54000公里，居世界第二。农村公路建设稳步推进。改革开放初期，我国农村公路只有59万公里，到2007年，农村公路总里程达313万公里。已有99.0%的乡镇和88.2%的建制村通了公路。

截至2011年底，中国大陆高速公路的通车总里程达8.5万公里，跃居世界第一位。2013年6月20日，中华人民共和国国新办新闻发布厅举办《国家公路网规划（2013年—2030年）》新闻发布会，根据这份规划，国家高速公路网按照"实现有效连接、提升通道能力、强化区际联系、优化路网衔接"的思路，保持原国家高速公路网规划总体框架基本不变，补充连接新增20万以上城镇人口城市、地级行政中心、重要港口和重要国际运输通道，在运输繁忙的通道上布设平行路线，增设区际、省际通道和重要城际通道，适当增加有效提高路网运输效率的联络线。调整后的国家高速公路由7条首都放射线、11条北南纵线、18条东西横线以及地区环线、并行线、联络线等组成，约11.8万公里。

我国公路建设在快速的同时也面临着严峻的挑战，特别是与发达国家相比还具有一定的差距，公路通车里程、公路建设标准和质量以及相关配套设施都有待提高。

本章小结 ▶▶

本章主要介绍了我国及世界主要汽车生产国的汽车工业发展情况和我国公路交通发展情况。通过本章的学习，应使学生对国内外汽车工业及我国公路交通领域的发展情况有一个概括的了解，同时对汽车、道路对交通安全的影响有一个初步的认识。

思考题 ▶▶

1. 我国汽车工业的发展情况及其带来的社会问题。
2. 现阶段我国公路交通建设的重点是什么？

第二章 汽车构造基础知识

学习目标

1. 了解汽车总体构造及基本原理。
2. 掌握汽车操纵系统的结构、功能及操作方法。
3. 了解发动机、底盘及电气系统的结构和组成。
4. 掌握转向系统、变速系统、制动系统、离合器、仪表照明等结构、组成及使用方法。

第一节 汽车的总体构造

一、汽车的总体结构

汽车是由各种装置和机构组成的。尽管现代汽车所采用的各种装置和机构以及它们在车上的布置有很多差异,但汽车的总体结构以及主要装置、机构的作用和工作原理都是类似的,具有基本相同的特点。

现代汽车的总体结构主要由四大部分组成,即:发动机、底盘、车身、电气设备。此外,一些特种用途的汽车还具有各种附属装置和设备。图2-1所示为一般商用车的总体结构。

1. 发动机

发动机是汽车的动力装置。其作用是将燃料燃烧的热能转变成机械能,驱动汽车行驶。现代汽车上的发动机绝大多数是往复活塞式内燃机,以汽油或轻柴油为燃料。

2. 底盘

底盘接受来自发动机的动力,驱动汽车产生运动,并保证汽车正常行驶,底盘由传动系、行驶系、转向系、制动系等部分组成。

(1)传动系 将发动机输出的动力传递给驱动车轮。机械式传动系由离合器、变速器、传动轴及驱动桥(包括主减速器、差速器、半轴、桥壳)等总成和零部件组成。

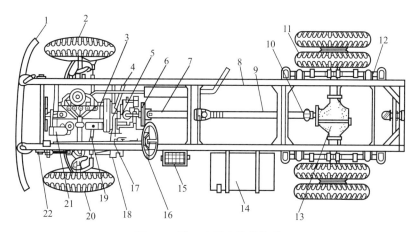

图2-1 常见商用车总体构造

1—前保险杠；2—转向轮；3—发动机；4—离合器；5—变速器；6—驻车制动器；7—前传动轴；
8—车架；9—传动轴；10—万向节；11—驱动车轮；12—后悬架；13—后驱动桥；14—油箱；
15—蓄电池；16—转向盘；17—制动踏板；18—离合器；19—启动机；
20—前桥；21—发动机；22—前悬架

（2）行驶系　接受由发动机经传动系传来的转矩并转化为驱动力；传递并承受路面作用于车轮上的各反力及其力矩；缓和不平路面对车身造成的冲击和振动，保证其行驶平顺性；与转向系配合工作，实现汽车行驶方向的正确控制，保证汽车的操纵稳定性。主要由车架、车桥（包括前桥和后桥）、悬架（包括前悬架和后悬架）、车轮等总成组成。

（3）转向系　转向系的作用是保证汽车能够按照驾驶员所给定的方向行驶。主要由方向盘、转向器和转向传动装置组成。

（4）制动系　制动系的作用是保证汽车能够迅速降低速度以至于停车。它由制动器和制动传动装置组成。

3．车身

车身用以安置驾驶员、乘客或装载货物。车身的结构取决于汽车的用途。对于客车来说，车身有完整的封闭或敞篷车身，内设座椅。在载货汽车中，车身则由驾驶室和货箱两部分组成。

4．电气设备

电气设备主要由电源、启动、照明及信号等部分组成。在采用汽油发动机的汽车中，还包括有发动机的点火系。

以上所述是目前使用的大多数汽车的总体结构形式。有时为了适应不同使用要求及改善汽车某一方面的使用性能，汽车总体结构可做某些改变，这主要取决于汽车的用途及使用性能的要求。同时，随着汽车技术的不断发展，汽车的总体结构和各总成、部件的结构形式必将不断发展和改进。

二、汽车的类型

随着汽车用途的日益广泛，汽车的类型趋于多样化。旧分类标准是1988年依照GB/T

3730.1—88制订的，分为三大类，即载货汽车、客车和轿车，各类按照不同的划分标准进行了细分类。

（1）货车　按照总质量大小划分：重型载货车（总质量＞14t）；中型载货车（6t＜总质量≤14t）；轻型载货车（1.8t＜总质量≤6t）；微型载货车（总质量≤1.8t）。

（2）客车　按照车身长度划分：大型客车（车长＞10m）；中型客车（7m＜车长≤10m）；轻型客车（3.5m＜车长≤7m）；微型客车（车长≤3.5m）。

（3）轿车　按照排量划分：高级轿车（排量＞4L）；中高级轿车（2.5L＜排量≤4L）；中级轿车（1.6L＜排量≤2.5L）；普通级轿车（1.0L＜排量≤1.6L）；微型轿车（排量≤1.0L）。

（4）自卸车　自卸车也是货车，其特点是货箱能自动举升并倾斜（后倾或侧倾），自动卸下散装货物，因而可大大减少卸货工作量。

（5）越野汽车　是一种可用于非公路或无路地区的载人、载货或牵引各种装备的高通过性能汽车。越野汽车有军用和民用两种，包括全轮驱动式、履带式和水陆两用式等。

（6）牵引汽车和汽车列车　专门或主要用于牵引挂车的汽车称为牵引车。汽车列车一般是指由一辆带有动力装置的汽车或牵引车和一节或两节无动力装置的挂车组成的列车。挂车又分为全挂车和半挂车两种。前者所指的是其总质量绝大部分由它本身承受的挂车，后者是指其总质量中相当一部分由牵引车承受的挂车。

（7）特种用途汽车　这种汽车主要是指执行运输以外的特种任务的车辆。有些特种用途汽车是在普通汽车底盘上装设不同的专用设备，以便进行某种特殊作业，有些特种用途汽车则是专门设计的。特种用途汽车种类繁多，例如汽车吊车、冷藏车、消防车、油罐车等。

2002年3月1日我国正式实施《汽车和挂车的类型的术语和定义》（GB/T 3707.1—2001）新标准，该标准将汽车按照设计和技术特性上的主要用途不同又分为乘用车和商用车辆。分类具体情况如下。

1. 乘用车（passenger car）

在其设计和技术特征上主要用于载运乘客及其随身行李和/或临时物品的汽车，包括驾驶员座位在内最多不超过9个座位，它也可以牵引一辆挂车。

乘用车又分为普通乘用车、活顶乘用车、高级乘用车、小型乘用车、敞篷车、舱背乘用车、旅行车、多用途乘用车、短头乘用车、越野乘用车、专用乘用11类，它是根据现阶段我国汽车工业发展的特点进行区别划分的，其术语和定义如下。

（1）普通乘用车（saloon）　车身：封闭式，侧窗中柱有或无。车顶（顶盖）：固定式，硬顶。有的顶盖一部分可开启。座位：4个或1个以上座位，至少两排。后座椅可折叠或移动，以形成装载空间。车门：2个或4个侧门，可有一后启门。

（2）活顶乘用车（convertible saloon）　车身：具有固定侧围框架可开启式车身。车顶（顶盖）：车顶为硬顶或软顶，至少有两个位置：a.封闭；b.开启或拆除。可开启式车身可以通过使用一个或数个硬顶部件和/或合拢软顶将开启的车身关闭。座位：4个或4个以上座位，至少两排。车门：2个或4个侧门。车窗：4个或4个以上侧窗。

（3）高级乘用车（pullman saloon） 车身：封闭式。前后座之间可以设有隔板。车顶（顶盖）：固定式，硬顶。有的顶盖一部分可开启。座位：4个或4个以上座位，至少两排。后排座椅前可安装折叠式座椅。车门：4个或6个侧门，也可有一个后开启门。车窗：6个或6个以上侧窗。

（4）小型乘用车（coupe） 车身：封闭式，通常后部空间较小。车顶（顶盖）：固定式，硬顶。有的顶盖一部分可开启。座位：2个或2个以上的座位，至少一排。车门：2个侧门，也可有一个后开启门。车窗：2个或2个以上侧窗。

（5）敞篷车（opentourer） 车身：可开启式。车顶（顶盖）：车顶可为软顶或硬顶，至少有两个位置：第一个位置遮覆车身；第二个位置车顶卷收或可拆除。座位：2个或2个以上的座位，至少一排。车门：2个或4个侧门。车窗：2个或2个以上侧窗。

（6）舱背乘用车（hatchback） 车身：封闭式，侧窗中柱可有可无。车顶（顶盖）：固定式，硬顶，有的顶盖一部分可以开启。座位：4个或4个以上的座位，至少两排。后座椅可折叠或可移动，以形成一个装载空间。车门：2个或4个侧门，车身后部有一舱门。

（7）旅行车（station wagon） 车身：封闭式。车尾外形按可提供较大的内部空间。车顶（顶盖）：固定式，硬顶，有的顶盖一部分可以开启。座位：4个或4个以上的座位，至少两排，座椅的一排或多排可拆除，或装有向前翻倒的座椅靠背，以提供装载平台。车门：2个或4个侧门，并有一后开启门。车窗：4个或4个以上侧窗。

（8）多用途乘用车（multipurpose passenger car） 上述车辆以外的，只有单一车室载运乘客及其行李或物品的乘用车。但是，如果这种车辆同时具有下列两个条件，则不属于乘用车而属于货车：

① 除驾驶员以外的座位数不超过6个；只要车辆具有可使用的座椅安装点，就应算"座位"存在。

② $P-(M+N\times 68) > N\times 68$

式中 P——最大设计总质量；

M——整车整备质量与1位驾驶员质量之和；

N——除驾驶员以外的座位数。

（9）短头乘用车（forward control passenger car） 一种乘用车，它一半以上的发动机长度位于车辆前挡风玻璃最前点以后，并且方向盘的中心位于车辆总长的前1/4部分内。

（10）越野乘用车（offroad passenger car） 在其设计上所有车轮同时驱动（包括一个驱动轴可以脱开的车辆），或其几何特性（接近角、离去角、纵向通过角、最小离地间隙）、技术特性（驱动轴数、差速锁止机构或其他型式机构）和它的性能（爬坡度）允许在非道路上行驶的一种乘用车。

（11）专用乘用车（special purpose passenger car） 运载乘员或物品并完成特定功能的乘用车，它具备完成特定功能所需的特殊车身和/或装备。例如：旅居车、防弹车、救护车、殡仪车等。

2．商用车辆

在设计和技术特性上用于运送人员和货物的汽车，并且可以牵引挂车，乘用车不包括在内。

商用车又分为客车、货车和半挂牵引车3类。客车又细分为小型客车、城市客车、长途客车、旅游客车、铰接客车、无轨客车、越野客车、专用客车。货车又细分为普通货车、多用途货车、全挂牵引车、越野货车、专用作业车、专用货车。

三、汽车产品的编号规则

1988年国家颁布了国家标准GB 9417—88《汽车产品型号编制规则》。汽车型号应能表明汽车的厂牌、类型和主要特征参数等。该项国家标准规定，国家汽车型号均应由汉语拼音字母和阿拉伯数字组成。汽车型号包括如下三部分。

首部——由2个或3个汉语拼音字母组成，是识别企业名称的代号。例如：CA代表第一汽车制造厂，EQ代表第二汽车制造厂，TJ代表天津汽车制造厂等等。

中部——由四位阿拉伯数字组成，第一位数字代表该车的类型；第二、三位代表各类汽车的主要特征参数，第四位则代表产品的序号，如表2-1所示。

表2-1　汽车产品编号数字及意义

首位数字表示车辆的类别		中间两位数字表示各类汽车的主要特征参数	最末位数字表示
载货汽车	1	表示汽车的总质量（t）	企业自定产品序号
越野汽车	2		
自卸汽车	3		
牵引汽车	4		
专用汽车	5		
客　　车	6	表示汽车的总长度（0.1m）	
轿　　车	7	表示发动机的工作容积（0.1L）	
	8		
半挂车及专用半挂车	9	表示汽车的总质量（t）	

后部——有些车在四位数字后还有一些字母，这些字母没有准确的定义，是由产生厂家自定义的。

例如：

BJ2020S—BJ代表北京汽车制造厂，2代表越野车，02代表该车总质量为2吨，0代表该车为第一代产品，S为厂家自定义。

TJ7131U—TJ代表天津汽车制造厂，7代表轿车，13代表排气量为1.3升，1代表该车为第二代产品，U为厂家自定义。

注意：最后一位数字0代表的是第一代产品，而不是1，在此1代表的是第二代产品。

第二节　汽车发动机的基本结构及工作原理

一、发动机的总体结构

汽车发动机是汽车的动力来源，是由多个机构和系统组成的复杂机器。现代汽车所采用的发动机结构和形式很多，但是绝大多数是往复活塞式发动机，它将燃料燃烧的热能转变为机械能，按照其所使用燃料的不同可分为汽油机、柴油机和多燃料发动机。各种形式的发动机虽然具体结构各不相同，但不论哪种形式的发动机，其基本结构都是相似的。

1. 汽油机的总体构造

汽油机主要由"两大机构、五大系统"组成，如图2-2所示。"两大机构"指曲柄连杆机构和配气机构；"五大系统"指燃料供给系统、冷却系统、润滑系统、点火系统和启动系统。

（1）曲柄连杆机构　曲柄连杆机构是发动机实现热能和机械能转换的核心机构，其功用是将燃料所放出的热能通过活塞、连杆、曲轴等转变成能够驱动汽车行驶的机械能。曲柄连杆机构主要由汽缸体、汽缸盖、活塞、连杆、曲轴和飞轮等机件组成。

（2）配气机构　配气机构的功用是根据发动机的工作需要，适时地打开进气通道或排气通道，以便使可燃混合气（燃料与空气的混合物）及时地进入汽缸，或使废气及时地从汽缸内排出；而在发动机不需要进气或排气时，则利用气门将进气通道或排气通道关闭，以便保持汽缸密封。

（3）燃料供给系统　燃料供给系统的功用是根据发动机的工作需要，配制出一定数量和浓度的可燃混合气并送给汽缸。

燃料供给系统由空气供给系统、燃油供给系统和电子控制系统组成。空气供给系统主要由空气滤清器、空气流量计（或进气压力传感器）、进气管、节气门体、进气歧管等组成；燃油供给系统主要由油箱、电动燃油泵、进回油管、燃油滤清器、燃油压力调节器、喷油器等组成；电子控制系统主要包括ECU和各种传感器。

（4）点火系统　点火系统的功用是根据发动机的工作需要，及时地点燃汽缸内的混合气。

按照对点火时刻控制方式不同，点火系统可分为传统点火系统、普通点火系统和计

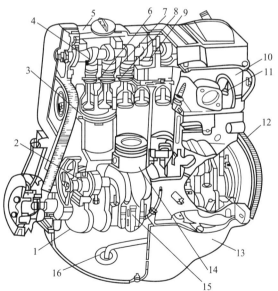

图2-2　汽油机解剖图

1—曲轴；2—中间轴；3—汽缸体；4—凸轮轴；5—凸轮轴罩盖；6—排气门；7—气门弹簧；8—进气门；9—气门挺杆；10—汽缸；11—火花塞；12—飞轮；13—油底壳；14—活塞；15—连杆总成；16—集滤器

算机控制点火系统三种。传统点火系统利用机械装置控制点火时刻，通常由蓄电池、发电机、点火线圈、断电器、分电器、点火提前角调节器、火花塞和点火开关等组成；普通电子点火系统利用电子点火器控制点火时刻，其组成与传统点火系统类似，只是用电子元件取代了断电器，但仍保留部分机械装置，如真空式点火提前角调节器和离心式点火提前角调节器；计算机控制电子点火系统是一种全电子点火系统，完全取消了机械装置，由电控系统来控制点火时刻，通常包括蓄电池、发电机、点火线圈、分电器（有些无分电器）、火花塞和电子控制系统等。

（5）冷却系统　冷却系统的功用是帮助发动机散热，以保证发动机在最适宜的温度下工作。

发动机的冷却系统可分为水冷式和风冷式两种。水冷式冷却系统通常由水套、水泵、散热器、风扇、节温器等组成。风冷式冷却系统主要由风扇、散热片组成。

（6）润滑系统　润滑系统的功用是向作相对运动的零件表面输送清洁的润滑油，以减少摩擦和磨损，并对摩擦表面进行清洁和冷却。

（7）启动系统　启动系统的功用是使发动机由静止状态进入到正常工作状态。启动系统包括启动机及其附属装置。

2. 柴油机的总体构造

四冲程水冷式柴油机由"两大机构、四大系统"组成，"两大机构"是指曲柄连杆机构和配气机构，"四大系统"是指燃料供给系统、润滑系统、冷却系统、启动系统。

柴油机的曲柄连杆机构、配气机构、润滑系统、冷却系统、启动系统与汽油机基本相同。由于柴油机采用压燃式着火方式，所以不需要点火系统。此外由于柴油机与汽油机使用的燃料不同，其燃料供给系统存在较大的差异，柴油机的燃料供给系统通常利用高压油泵将柴油压力提高后，再利用喷油器将高压柴油直接喷入汽缸。

二、发动机的工作原理

1. 单缸四冲程汽油机的工作原理

四冲程汽油机每一个工作循环都有四个活塞行程，按其作用分别称为进气行程、压缩行程、做功行程和排气行程，如图2-3所示。

（1）进气行程　在进气行程中，活塞由曲轴带动由上止点向下止点运动，此时排气门关闭，进气门开启。由于活塞由上止点向下止点运动的过程中，汽缸内容积逐渐增大，形成一定的真空度，所以混合气通过进气门被吸入汽缸。当活塞到达下止点时，整个汽缸内充满了混合气。

（2）压缩行程　进气行程结束后，活塞在曲轴的带动下由下止点向上止点运动，此时排气门仍处于关闭状态，而进气门开始逐渐关闭。随着活塞的向上运动，汽缸内容积减小，由于进气门和排气门均处于关闭状态，进入汽缸内的混合气被压缩，其温度和压力升高，直到活塞到达上止点时压缩行程结束。

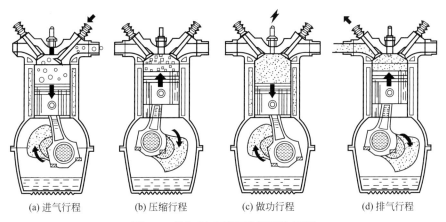

(a) 进气行程　　(b) 压缩行程　　(c) 做功行程　　(d) 排气行程

图2-3　单缸四冲程汽油机工作原理

（3）做功行程　当活塞运动接近压缩行程上止点时，火花塞跳火点燃汽缸内的混合气，此时进气门和排气门均处于关闭状态，汽缸内的气体温度和压力同时升高，从而推动活塞从上止点向下止点运动，并通过连杆推动曲轴旋转输出机械能。

（4）排气行程　做功行程结束时，汽缸内的气体将活塞推至下止点，汽缸内的混合气也因燃烧变为废气。此时排气门打开，进气门仍处于关闭状态，活塞在曲轴的带动下从下止点向上止点运动，汽缸内的废气经排气门排出，直到活塞到达上止点排气行程结束。

发动机工作时，需要连续不断地进行循环，在每一个循环中都依次完成进气、压缩、做功、排气四个行程。

2. 单缸四冲程柴油机的工作原理

工作原理与单缸四冲程汽油机的工作原理一样，每个工作循环也是由进气、压缩、做功和排气四个行程组成。但是由于柴油与汽油的性质不同，使柴油机混合气的形成方式及着火方式等与汽油机有很大的区别。

单缸四冲程柴油机与单缸四冲程汽油机各行程的区别如下。

（1）进气行程　在此行程进入汽缸的是纯空气，而不是混合气。

（2）压缩行程　柴油机比汽油机压缩比大，压缩终了时温度和压力都比汽油机高。

（3）做功行程　柴油机在压缩接近终了时，喷油器将高压柴油喷入汽缸中，与汽缸内的高温高压的空气相混合，形成的混合气立即着火燃烧，汽缸内的压力和温度也急剧升高，活塞被向下推动做功。

（4）排气行程　与汽油机基本相同。

3. 多缸四冲程发动机的工作原理

多缸四冲程发动机的每一个汽缸的工作循环都与单缸四冲程发动机相同，但各缸的做功行程并不同时进行，而是按照一定的顺序进行。不论是几缸四冲程发动机，曲轴每转两周，各缸轮流做功一次，且各缸做功行程间隔的曲轴转角均匀一致。多缸发动机各缸的做功间隔角为720°/I（I为汽缸数）。汽缸数越多，发动机工作越平稳，但汽缸数增多会使发动机的结构复杂，并使其尺寸和质量增大。

第三节　汽车底盘的基本结构及工作原理

一、汽车底盘的基本组成和功用

汽车底盘由传动系、行驶系、转向系和制动系等四大系统组成，其功用为接受发动机的动力，使汽车运动并保证汽车能够按照驾驶员的操纵而正常行驶。图2-4所示为常见货车的底盘结构图。

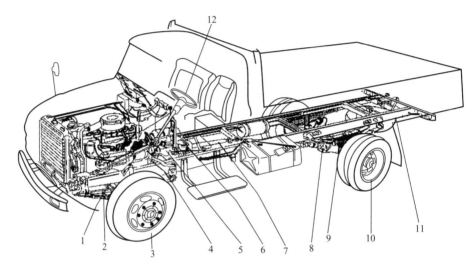

图2-4　货车底盘结构

1—前轴；2—前悬架；3—前轮；4—离合器；5—变速器；6—驻车制动器；
7—传动轴；8—驱动桥；9—后悬架；10—后轮；11—车架；12—方向盘

1. 传动系

传动系是指从发动机到驱动车轮之间所有动力传递装置的总称。传动系的功用是将发动机的动力传给驱动车轮。不同的汽车，其底盘的组成稍有不同；如载货汽车及部分轿车，其底盘一般是由离合器、变速器、万向传动装置（万向节和传动轴）、驱动桥（主减速器、差速器、半轴、桥壳）等组成，如图2-5所示。而现代轿车中采用自动变速器的越来越多，其底盘包括自动变速器、万向传动装置、驱动桥等，即用自动变速器取代了离合器和手动变速器；如果是越野汽车（包括SUV，即运动型多功能车），还应包括分动器。

传动系各组成的功用如下。

（1）离合器　保证换挡平顺，必要时中断动力传动。

（2）变速器　变速、变矩、变向、中断动力传动。

（3）万向传动装置　实现有夹角和相对位置经常发生变化的两轴之间的动力传动。

（4）主减速器　将动力传给差速器，并实现降速增矩、改变传动方向。

（5）差速器　将动力传给半轴，并允许左右半轴以不同的转速旋转。

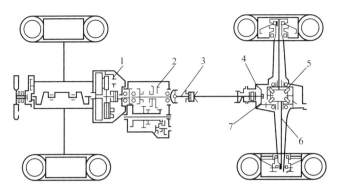

图2-5 汽车传动系的组成

1—离合器；2—变速器；3—传动轴；4—驱动桥；5—差速器；6—半轴；7—主减速

（6）半轴　将差速器的动力传给驱动车轮。

2. 行驶系

行驶系一般由车架、悬架、车桥和车轮等组成，如图2-6所示。车轮通过轴承安装在车桥两边，车桥通过悬架与车架（或车身）连接，车架（或车身）是整车的装配基体。汽车行驶系的功用是：

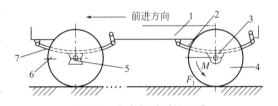

图2-6 汽车行驶系的组成

1—车架；2—后悬架；3—驱动桥；4—后轮；
5—转向桥；6—前轮；7—前悬架

（1）支承汽车的重量并承受、传递路面作用在车轮上各种力的作用；

（2）接受传动系传来的转矩并转化为汽车行驶的牵引力；

（3）缓和冲击，减少振动，保证汽车平顺行驶。

3. 转向系

转向系的功用是保证汽车能够按照驾驶员选定的方向行驶。主要由转向操纵机构、转向器、转向传动机构组成。现代汽车普遍采用动力转向装置。

4. 制动系

制动系的功用是使汽车减速、停车并保证可靠驻停。汽车制动系一般包括行车制动系和驻车制动系两套相互独立的制动系统，每套制动系统都包括制动器和制动传动机构。现代汽车的行车制动系一般都装配有制动防抱死系统（ABS）。

转向系和制动系都是由驾驶员来操控的，一般可以合称为控制系。

现代汽车中电子控制技术的应用越来越广泛，如在底盘中普遍采用了电子控制自动变速器（EAT或ECT）、电子控制防滑差速器（EDL）、电子控制制动防抱死系统（ABS）、电子控制悬架系统（ECS）、电子控制转向系统等。

二、汽车底盘的总体布置

汽车底盘的总体布置与发动机的位置及汽车的驱动方式有关，一般有发动机前置后轮驱动、发动机前置前轮驱动、发动机后置后轮驱动、发动机前置全轮驱动等。

1. 发动机前置后轮驱动

发动机前置后轮驱动简称前置后驱动，英文简称FR。前面图2-5所示即为发动机前置后轮驱动，其发动机布置在汽车前部，动力经过离合器、变速器、万向传动装置、后驱动桥，最后传到后驱动车轮，使汽车行驶。这是一种传统的布置形式，其应用广泛，适用于除越野汽车的各类型汽车，如大多数的货车、部分轿车和部分客车都采用这种形式。

2. 发动机前置前轮驱动

发动机前置前轮驱动简称前置前驱，英文简称FF。发动机布置在汽车前部，动力经过离合器、变速器、前驱动桥，最后传到前驱动车轮，使汽车行驶。这种布置形式在变速器与驱动桥之间省去了万向传动装置，使结构简单紧凑，整车质量小，高速时操纵稳定性好。大多数轿车采用这种布置形式，但这种布置形式的爬坡性能差，豪华轿车一般不采用，而是采用传统的发动机前置后轮驱动。根据发动机布置的方向可以分为发动机前横置前轮驱动和发动机前纵置前轮驱动，分别如图2-7、图2-8所示。

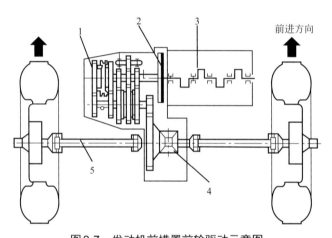

图2-7　发动机前横置前轮驱动示意图

1—变速器；2—离合器；3—发动机；4—差速器；5—传动轴

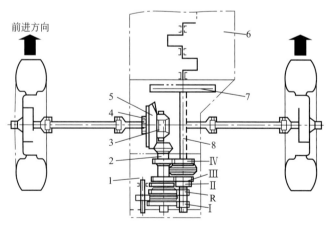

图2-8　发动机前纵置前轮驱动示意图

1—变速器；2—主动齿轮；3—差速器；4—车速表齿轮；5—从动齿轮；6—发动机；7—离合器；8—输入轴；
Ⅰ—一挡齿轮；Ⅱ—二挡齿轮；Ⅲ—三挡齿轮；Ⅳ—四挡齿轮；R—倒挡齿轮

3. 发动机后置后轮驱动

发动机后置后轮驱动简称后置后驱,英文简称RR。如图2-9所示,发动机布置在汽车后部,动力经过离合器、变速器、角传动装置、万向传动装置、后驱动桥,最后传到后驱动车轮,使汽车行驶。这种布置形式便于车身内部的布置,减小室内发动机的噪声,一般用于大型客车。

4. 发动机前置全轮驱动

发动机前置全轮驱动简称全轮驱动,英文简称XWD。如图2-10所示,发动机布置在汽车前部,动力经过离合器、变速器、分动器、万向传动装置

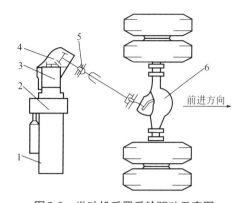

图2-9 发动机后置后轮驱动示意图
1—发动机;2—离合器;3—变速器;4—角传动装置;5—万向传动装置;6—驱动桥

分别到达前后驱动桥,最后传到前后驱动车轮,使汽车行驶。由于所有的车轮都是驱动车轮,因而提高了汽车的越野通过性能,这是越野汽车采取的布置形式。

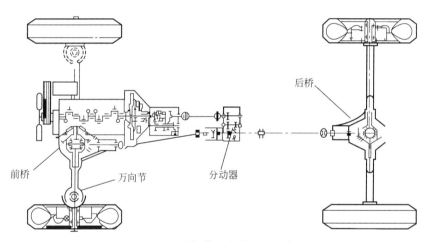

图2-10 发动机前置全轮驱动示意图

第四节 汽车电气与电子设备

一、汽车电气系统的组成及特点

汽车电气系统是汽车的重要组成部分,其性能的好坏直接影响到汽车的经济性、可靠性与安全性,现代汽车电气系统所包含的电气种类很多,按其用途可大致归纳成以下几个主要部分:电源(包括蓄电池、发电机)、启动装置、点火装置、照明与信号装置、辅助电器。

汽车电气系统具有以下特点。

(1)低电压 目前汽车上普遍采用12V电源,而柴油发动机汽车则多采用24V电源。

(2)直流 汽车的电源中有蓄电池,供给的是直流电,同时必须用直流电进行充电,所

以汽车电气系统为直流电系。

（3）单线制　所有用电设备均并联，从电源至各用电设备只用一根导线（俗称火线）连接，而用汽车的底盘、发动机等金属机体作为另一条公共导线（俗称搭铁）。若蓄电池的正极接"火线"，而负极接"搭铁"，称为负极搭铁制。现在一般汽车均为负极搭铁制。

二、电源装置

汽车电气系统所需电能由两个电源供应，即发电机和蓄电池。发电机是由发动机带动而发电的，蓄电池则是靠内部的化学反应来储存电能和向外供应电能，发电机与蓄电池并联连接，互相配合，共同向各用电设备供电。

在发动机正常工作时，发电机由发动机带动发电，用电设备所需电能主要由发电机供给，但在下列场合必须由蓄电池供给：

（1）发动机启动时要用启动机拖转，需由蓄电池供电；

（2）在发动机转速很低时，发电机发出的电压太低，不能满足用电设备要求，这时需由蓄电池供电；

（3）在用电设备负载很大，超过发电机供电能力时，由蓄电池与发电机共同供电。

在平时用电设备负载少而发电机发出的电能有剩余时，便向蓄电池充电，把电能储存起来，到需要的时候再放出去供给用电设备。图2-11所示为电源装置的线路示意图。

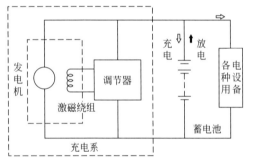

图2-11　电源装置的线路示意图

在发动机启动时，蓄电池必须在短时间内供给启动机200～600A的强电流（有的柴油机可达1000A）。由于铅蓄电池（或称酸性蓄电池）的内阻小，能迅速供出大电流，因而在汽车上得到广泛的应用。

汽车上用的发电机有两种，即利用机械换向器整流的直流发电机和利用硅二极管整流的交流发电机。直流发电机工作时，在电刷与换向器之间产生电火花，引起相关零件的烧蚀磨损，不能适应现代汽车发动机向高速化发展的要求。因此，基本上已被体积小、重量轻、结构简单、维修方便的硅整流交流发电机所取代。

硅整流交流发电机由三相同步交流发电机和六只硅二极管构成的三相桥式全波整流器所组成。在发电机停止工作和低速运转时，硅二极管可阻止蓄电池向发电机反向放电。发电机电枢绕组的感抗对发电机有过载保护作用。但发电机发出的电压却不能自行调节，必须另外配用专用的电压调节器来保持发电机端电压稳定，不随转速的变化而变化。发电机端电压的稳定是保证各用电设备的正常工作和向蓄电池充电所必需的。

电压调节器通过控制发电机的激磁电流来保持发电机端电压的稳定。当发电机转速升高时端电压也随之升高。当端电压上升到调节器的调节电压时，调节器便将发电机激磁回路断开，或是串入一附加电阻，使激磁电流减小，从而使发电机端电压下降。当端电压下降到一定值时，调节器又使激磁回路恢复原状。如此反复调节，使发电机电压保持在一定范围内（一般为13.5～14.5V）。目前实际使用的硅整流交流发电机电压调节器主要有两种：一种是电磁振动式电压调节器，另一种是晶体管式电压调节器。图2-12所示为电磁振动式电压调节器的基本线路图。图中K_1、K_2为一对触点，R_{tj}为附加电阻。当发电机转速升高，端电压上升到调节电压时，K_1触点打开，通过附加电阻来减少激磁电流。当发电机转速继续升高，附加电阻已不能控制端电压的上升时，触点K_2闭合，使激磁回路搭铁，激磁电流降为零，于是端电压的继续上升便得以控制。

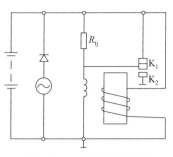

图2-12 电磁振动式电压调节器的基本线路

三、启动装置

现代汽车的发动机是用电力启动装置来带动进行启动的。电力启动装置由直流电动机、传动机构及控制机构等三部分构成。

启动装置中的电动机是串激式直流电动机，这种电动机的启动转矩大，而且具有轻负荷时转速高、重负荷时转速低的特点，能较好地适应发动机启动时的需要。

传动机构的作用是在启动时，使启动电动机轴上的小齿轮向发动机飞轮齿环啮入，将启动电动机的转矩传给发动机曲轴，带动曲轴旋转；启动后，使启动电动机与发动机飞轮齿环自动脱开，以免启动后的发动机拖动启动电动机高速旋转而损坏电动机。

控制机构（即开关）用来接通和切断电动机与蓄电池之间的电路。

传动机构与控制机构的结构类型很多，图2-13所示为常用的电磁操纵式启动装置的工作原理图。

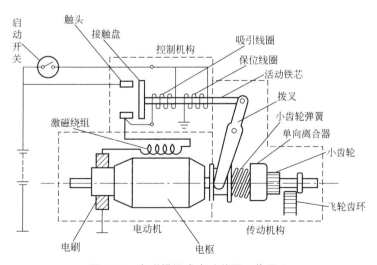

图2-13 电磁操纵式启动装置工作原理

由图2-13可知，当启动开关闭合时，蓄电池电流由正极出发，经吸引线圈、电动机的激磁绕组和电枢绕组至搭铁构成回路，吸引线圈对活动铁芯产生吸力，而且电动机也开始缓慢旋转。与此同时，电流也流经保持线圈，保持线圈与吸引线圈的吸引力方向相同。于是使活动铁芯向左移动，并通过拨叉将小齿轮推出与飞轮齿环啮合，当小齿轮进入啮合后，活动铁芯的接触盘将触头接通，蓄电池电流便经触头流向电动机，使电动机发出足够的转矩带动曲轴旋转。这时，吸引线圈被短路，活动铁芯靠保持线圈的吸力保持在吸合位置上。

发动机启动后，启动开关断开，保持线圈中的电流经过吸引线圈和接触盘、触头构成回路，由于此时两线圈所产生的磁通方向相反而互相抵消，于是活动铁芯在回位弹簧作用下回至原位，使小齿轮退出，接触盘脱离触头，切断了电路，启动电动机便停止转动。

四、点火装置

现代汽油发动机汽缸内的燃料和空气的混合气采用高压电火花点火，为此必须有专门的点火装置。

长期以来，汽车上广泛采用蓄电池点火装置。今后，随着汽油发动机技术经济指标的不断提高，这种传统的点火装置将逐渐被电子点火装置所取代。

蓄电池点火装置由电源（蓄电池或发电机）、点火线圈、断电器、配电器、火花塞等部分组成，图2-14是蓄电池点火装置的工作原理图。

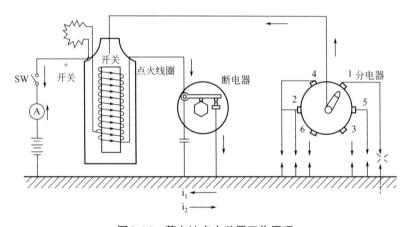

图2-14　蓄电池点火装置工作原理

点火线圈相当于一个自耦变压器，其初级绕组导线粗匝数少（一般为230～370匝），次级绕组导线圈细匝数多（一般为11000～26000匝）。断电器的凸轮由发动机的配气凸轮轴驱动旋转，交替地将断电器触点闭合和打开。在点火开关SW接通的情况下，当触点闭合时，初级绕组回路接通，初级电流在线圈铁芯中形成磁场。经一定时间后，当凸轮将触点打开时，初级电路被切断，初级电流消失，它所形成的磁场也随之迅速变化，在初级和次级两个绕组中都感应出电动势。由于次级绕组匝数多，因而感应出15～20kV的电动势，它足以击穿火花塞电极间隙，产生火花点燃混合气。配电器轴每转一转，各缸按点火顺序轮流点火一次。若要停止发动机的工作，只要断开点火开关切断初级电流即可。

五、照明与信号装置

为了保证汽车在夜间的行驶安全，现代汽车上装有多种照明设备。用来照明路面、标示车辆宽度、警示后续车辆以及照明车内仪表等。信号装置则用于警告行人或其他车辆和显示转向、制动及倒车等状态。

1. 前照灯

前照灯用于夜间行驶时照明路面，每车安装两只或四只。世界各国交通管理部门一般都以法律形式规定了汽车前照灯的照明特性，以确保夜间行车的安全。我国国家标准GB 4599—2007对前照灯的配光性能作了明确规定。

对前照灯配光性能的基本要求有两点，其一是对车前方路面有明亮而均匀的照明，使驾驶员能看清车前100m以内的障碍物；其二是两车迎面相遇时，不应使对方驾驶员目眩，以免造成事故。为了兼顾这两项基本要求，在前照灯的结构上作了种种努力。一般前照灯内都有两组灯丝。一组称远光灯丝，该组灯丝发出的光线经反射镜反射后，平行射向远方，用于没有对面来车时照明路面。另一组称为近光灯丝，其照明距离较近，但可避免对方驾驶员眩目，用在与对面来车会车时使用。远、近两种灯光由驾驶员根据实际行驶情况通过开关进行切换。

2. 其他主要照明装置

（1）前小灯　用于夜间标示停止和行驶中的汽车轮廓，使迎面的车辆在相距300m处即可认清，防止会车时发生事故。

（2）尾灯　装在汽车尾部，用于警示后续车辆，以便保持一定的安全距离。

（3）雾灯　每车一只或两只，雾天用来照明道路。其他装位置较低，光色为黄色或橙色（黄色光线波长较长，透雾能力较好）。

（4）仪表灯　装在汽车仪表板上，用来照明仪表。

（5）顶灯　装在车厢或驾驶室内顶部，作为内部照明用。

3. 信号装置

汽车的信号装置包括信号声音（主要是电喇叭）和灯光信号，用以在汽车行驶中，向行人或其他车辆显示驾驶员的意图，如前已叙及的警告、转向、制动、倒车等。

（1）汽车电喇叭　现代汽车上广泛使用的电喇叭是利用电磁作用使金属膜片振动产生音响，用来警告行人、车辆或在超车时对前车表示超车意图。

（2）转向信号灯　汽车前、后的左右两侧各安装有一只转向信号灯，有的汽车在两侧面也装有转向信号灯，其光色为琥珀色。当汽车准备向某一方向转向时，通过闪光器使该侧的转向信号灯闪烁发光，向行人或其他车辆表明转向意图。

（3）制动灯　当汽车实施制动时，制动灯的电路接通而点亮，其光色为红色，发光强度较大，用以引起后续车辆注意，避免追尾撞车。制动灯常和尾灯装在同一个灯罩内。

（4）倒车灯　在汽车后部装有倒车灯，在汽车倒车时点亮，光色为白色，用以警告车后的行人等避让。有的倒车灯还配合有音响信号以加强警告效果。

（5）紧急信号灯　汽车转向信号灯兼有紧急信号灯的功能。当汽车在行驶中或停车中遇有危险情况需要向外界表示时，驾驶员便打开紧急信号开关，这时车上的所有转向信号灯均同时闪烁点亮，以示危险报警。

六、辅助电气设备

1. 汽车仪表

汽车仪表是为了使驾驶员能掌握汽车及发动机主要部分的工作情况，及时发现和排除可能出现的故障。现代汽车上安装的仪表主要有燃油表、水温表、转速表、车速里程表等。此外仪表板上还装有机油压力报警灯、蓄电池报警灯、发动机报警灯等指示报警装置。

燃油表用来指示燃油箱内储存燃油量的多少，提醒驾驶员及时加油。

水温表用来指示发动机水套中冷却水的工作温度是否正常。货车发动机正常工作时，水温应在75～85℃之间，轿车发动机正常工作时水温在90～105℃之间。

转速表用来指示发动机的转速，现在轿车仪表板上普遍装有转速表。

车速里程表用来指示行车速度和累计汽车的行驶里程。

各种指示报警装置（报警灯）车辆正常行驶时不亮，当其点亮时，说明汽车出现了故障，提醒驾驶员需要进行检修。

除上述几种主要仪表以外，在具有压缩空气系统的大型车辆上还安装有气压表。随着汽车技术的发展，汽车仪表已逐渐电子化，仪表的种类不断增加，其显示功能也越来越强。

2. 雨刷器

雨刷器的功用是用来清除风窗玻璃上的雨水、雪或尘土，以确保驾驶员能有良好的视线。雨刷器是由电动机和一套传动机构组成的，当接通雨刷器开关后，电动机便通过传动机构带动雨刷器橡皮刷在风窗玻璃上反复摆动刮去雨水等物。雨刷器中设有自动复位装置，不论在任何位置上切断电动机电路，橡皮刷都能自动停止在风窗玻璃的下部。

3. 风窗清洗器

为了清除附着在风窗玻璃上的灰尘、泥土等脏物，现代汽车上装有风窗清洗器。需要清洗风窗时，接通开关，便有清洗液从清洗器的喷嘴射向风窗表面，同时启动电动刮水器相配合，就可将风窗清洗干净。

4. 风窗防霜装置

冬季行车时，风窗里面会结上一层霜，严重妨碍驾驶员的视线。为此汽车上必须有防霜装置。现代汽车上的防霜装置往往和车内暖气设备结合在一起，成为暖气设备的一个组成部分。

本章小结 ▶▶

本章主要讲述了汽车结构和工作原理的基础知识。通过教学活动，应使学生了解汽车总体构造及基本原理；了解发动机、底盘及电气系统的结构和组成；掌握汽车操纵系统的结构、功能及操作方法；掌握转向系统、变速系统、制动系统、离合器、仪表照明等的结构、组成及使用方法。

思 考 题 ▶▶

1. 简述汽车产品的分类及编号规则。
2. 汽车的总体结构是由哪几部分组成的？
3. 汽车的操纵系统都有哪些？其结构和操作方法如何？
4. 汽车仪表能给驾驶员提供哪些信息？这些信息有何作用？

第三章 人、车、路系统与交通安全

学习目标

1. 了解人、车、路系统的组成及特性。
2. 掌握驾驶员的特性与交通安全的关系。
3. 了解汽车结构特性与交通安全。
4. 掌握道路交通环境与交通安全。

道路交通系统是由参与交通的人、车辆和交通环境这三个要素组成的相互关联又相互影响的复杂系统。高效、安全、舒适是系统的整体目标。而每一个参与交通的人、车辆及其相关的道路环境均为一个子系统。汽车驾驶员在行驶过程中必须随时掌握车辆、道路及交通变化特性，不断作出正确的判断与反应，操纵方向，控制行车速度，以适应该系统的动态运行过程。人、车、路的协调配合是实现交通安全的重要保证，因此掌握人、车、路三者之间的关系和各要素的特性是非常必要的。

图3-1是汽车行驶过程中由驾驶员、汽车和道路交通环境组成的回路系统示意图。

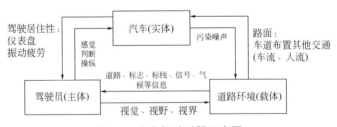

图3-1 汽车行驶过程示意图

驾驶员是"人、车、路"系统的主体。驾驶员在系统中始终处于主导的位置。汽车行驶过程（见图3-1）就是驾驶员通过感觉器官（眼、耳、鼻、手、脚五部分）完成视觉、听觉、嗅觉、触觉功能，不断获取来自道路交通环境的信息（信号、标志、道面、气候以及相关车流情况）以及自身车辆的信息（仪表、声音、振动等），完成分析判断、进行决策操纵的过程。一辆技术状况良好的汽车能否发挥其运输功能和作用，关键在于驾驶员能否正确驾驶。

汽车是"人、车、路"系统中的运动实体。它的构造、功能和各项性能对行驶过程的安全与效率具有重要意义。汽车行驶过程最密切的特性主要有：汽车的类型及其设计尺寸；汽车的构造及驾驶操作系统，包括不同汽车的发动机选型、底盘、车身、电气设备以及传动系、行驶系、操纵系、制动系的结构设置，还有驾驶室空间及舒适性、仪表信号装置的视认性和驾驶视野等。汽车行驶的基本性能，包括动力性能、制动性能、操纵稳定性、平顺性、燃油经济性等等。

道路交通环境是"人、车、路"系统中的载体，是保证汽车正常行驶过程的基础。其组成包括：道路设施，即道路网络系统、道路路面结构、道路的平、纵、横几何设计特征；交通环境，如自行车交通、行人交通、有轨交通、沿途的交通管理设施（标志、标线、信号等）以及沿线的土地开发程度、建筑、绿化、广告乃至气候变化等。

第一节　驾驶员与交通安全

一、驾驶员的感觉特性与交通安全

1. 视觉特性

眼睛是驾驶员在汽车行驶过程中最重要的功能器官，驾驶员的视觉能获得80%的交通环境信息。因此驾驶员的视觉对交通安全至关重要。驾驶员的视觉机能主要体现在以下几个方面。

（1）视力　视力是指眼睛分辨两物点间最小距离的能力。视力可分为静视力、动视力和夜间视力。

① 静视力。即静止时的视力。我国规定：申请大型客车、牵引车、城市公交车、中型客车、大型货车、无轨电车或者有轨电车准驾车型的，两眼裸视力或者矫正视力达到对数视力表5.0以上。申请其他准驾车型的，两眼裸视力或者矫正视力达到对数视力表4.9以上。

② 动视力。即驾驶员在汽车行驶中的视力。动视力随着车辆行驶速度的变化而变化，车速越高，视力越下降。例如，汽车以60km/h速度行驶，驾驶者能看清前方240m的标志，而车速提高到80km/h时，同样的标志要接近160m处才能看清。试验表明，车速提高33%，视认距离要减少36%，因此，汽车行驶的最高速度受到人的动视力限制。驾驶员的动视力与车龄有一定的关系，年龄越大，动视力降低的幅度也越大。

③ 夜间视力。视力与环境明暗程度有关，在日常生活中这方面的经验有很多。如黄昏时光线较暗，而汽车开头灯时，其照度与周围照度差不多，驾驶员的视力最不易分清周围的车辆、行人环境，因为此时的物体对比度小，此时行车最不安全。

夜间视力一般也是随着年龄的增大而降低，随着速度增加而大幅度下降。另外，由于夜间照明弱，眼睛分辨颜色的能力也很弱。在无外部照明情况下，驾驶员只用前灯对不同颜色辨认距离见表3-1。

表3-1　夜间驾驶员辨认距离

衣物的颜色	白	黑	乳白	红	灰	绿
能发现某种颜色的距离/m	82.5	42.8	76.6	67.8	66.3	67.6
能确认是某种物体的距离/m	42.9	18.8	32.1	47.2	36.4	36.4
能断定其移动方向的距离/m	19.0	9.6	13.2	24.0	17.0	17.8

（2）色彩视觉　对交通安全另一个有重要意义的视觉概念叫色彩。根据色彩的心理和生理效果，红色刺激性最强，易见性高，使人产生兴奋、警觉；黄色反射光强度大，明亮，易唤起人们注意；绿色光柔和，给人以平静安全感。因此世界各城市交通管理中将红色作为禁令、黄色作为警告、绿色作为放行信号来设置交通标志。

（3）视野　两眼注视某一目标，注视点两侧可以看到的范围叫双眼视野。与汽车行驶过程关系最大的是水平视野。将头部与眼球固定，同时能看到的左右范围称为静视野；若将头部固定，眼球自由移动，同时能看到的左右范围称为动视野。动视野比静视野左右宽大15°，正常人双眼的视野可达160°。驾驶员的视野与行车速度有密切关系，随着车速增大，视野明显变窄，注视点随之远移，两侧的景物则变得模糊，见表3-2。

表3-2　驾驶员视野与行车速度的对应关系

行车速度/（km/h）	注视点在汽车前方/m	视野/（°）
40	183	90～100
72	366	60～80
105	610	40

（4）视觉暗适应和亮适应　由一般经验，从亮处到暗处，由于视觉的惯性，视力恢复需要时间，称眼睛的这种特性为暗适应；同理，由暗处到亮处，视力恢复也需要时间，这种特性叫亮适应。暗适应比亮适应所需要的时间长。入暗室时，暗适应时间要15s以上，而亮适应时间一般只要几秒。尽管眼睛由瞳孔活动和网膜的灵敏度能对亮、暗适应进行调节，但汽车行驶过程若处于明暗急剧变化的道路上，由于视觉不能立即适应，极易造成交通事故。因此，为了减少由亮到暗引起的落差，通常采取渐变减缓照明度措施，例如在城区与郊区的交界处将路灯的距离慢慢拉长，直到郊区人烟稀少处才不设置路灯，又如高（快）速道路进入隧道入口附近由于白天入口处与隧道内明暗差别很大，极易发生10s左右的视觉危害，相当于在200～250m距离内眼睛不能适应，故应在入口处采取相应的过渡段设计和管理措施，如限速、隧道内安装照明设施等，以避免发生交通事故。

2. 听觉与其他感觉特性

听觉是驾驶员在行驶过程中获取外界信息的主要通道。驾驶员可以凭借车辆行驶系、传动系、制动系、发动机等不同的声音差异来判别车辆技术状态好坏，从而避免发生安全事故。同时，车辆噪声的大小对驾驶员安全行车的影响也非常大。声音强度的计量单位是分贝（dB），当声强超过80dB时，噪声已相当强烈，当声强超过140dB时，已不再是听觉所能承受的，这已是刺耳的痛觉。因此，现代汽车在控制噪声上都应用了很多措施。

其他感觉主要是指嗅觉和触觉。通过鼻和手脚器官，驾驶员可以随时获得车内和车外环境的某些变化，如操纵系统、制动系统的可靠性、稳定性、某些部件、零件的变化特征等信息。

二、驾驶员的反应操作特性与交通安全

驾驶员通过眼、耳等感觉器官，从交通环境中获得信息。此信息被传递到大脑，经大脑处理产生知觉，然后作出判断，最后由中枢神经向手、脚等运动器官发出操作命令。这样的过程形成了信息刺激—思考判断—决策操作三阶段，构成了驾驶员的反应操作过程，它可用对外界刺激产生的反应速度（时间）来表示。

1. 反应时间

反应时间包括感觉、思考、判断、操作四部分时间之和。反应有简单反应和复杂反应之分。简单反应是指某一动作对单一信息的反应，此时驾驶员注意力不为另外的目标所占据。表3-3为简单反应需要的时间。

表3-3 简单反应时间

工 作	平均时间/s	工 作	平均时间/s
按喇叭，手的起始位置在喇叭按盖上	0.38	踩制动，右脚的起始位置在制动踏板上	0.39
按喇叭，手的起始位置在方向盘上	0.56	踏制动，右脚的起始位置在压下的加速器上	0.59

复杂反应是面对几种信息（刺激）的某一种信息（刺激）作出反应。操纵汽车行驶时，驾驶员要同时观察车内外各种信息：车辆、行人、道路状况、交通标志、车内仪表、娱乐设施（CD、DVD）等。面对复杂的刺激信息，驾驶员应作出正确的反应并付诸多方面的动作，其反应时间长短取决于信息的复杂程度和驾驶员的素质。对于制动反应时间，如图3-2所示，一般为0.5～1.55s。包括制动生效的时间在内，则达到2～3s。美国各州公路工作者协会曾建议，在确定安全停车距离时，反应时间建议用2.5s。

2. 影响反应时间的因素

（1）反应时间与驾驶员的年龄有关。一般年龄增大，反应时间增大。

（2）反应时间与驾驶员的心理和生理素质有关。特别是长时间开车造成的驾驶疲劳和饮酒导致中枢神经迟钝和判断力障碍，对应反应时间影响极大。交通事故中因疲劳驾驶和酒后驾驶发生的比例是相当高的。

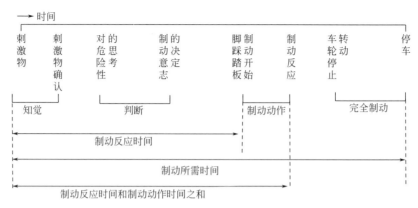

图 3-2 制动反应时间

三、驾驶员的心理特性与交通安全

驾驶员的心理特性即心理素质,是指驾驶员在交通系统中人的认知与行为特性,是驾驶员感觉、知觉、思维、判断能力和情感、性格、品德的总的表现。

1. 心理特性内涵

(1)驾驶员的认知和意识水平。包括观察力、注意力、记忆力和思维力,反应在交通行为中的分析、综合、判断、推理能力。它与驾驶员的智力品质密切相关。

(2)反应速度、技巧熟练程度。表现在驾驶员的驾驶技术、操作技能和信息处理能力、应变能力。

(3)社会责任感、职业道德修养。这是保障交通运输正常运行,人民生命财产安全的基本素质。

(4)情感和意志、毅力。驾驶员应有良好的心境和稳定情绪,具有自觉确定目的,克服各种困难、吃苦耐劳的精神和品质。

(5)气质和性格特征。即驾驶员的心理活动和操作行为表现的关于坚强性、灵活性和敏捷性特征和谦虚、诚实、理智方面的特征。

2. 驾驶员应具备的综合心理素质

驾驶员必须有良好的思想素质,有高度的社会责任感和良好的职业道德,驾驶技术娴熟、交通意识完善、文明礼貌、冷静敏捷。具有迅速果断地反应能力和准确判断速度、距离的能力,性格开朗、态度和蔼,是一个注意不断学习进取、严格遵守交通规则的人。

四、驾驶员的生理特性与交通安全

1. 驾驶者的身体条件(健康状况和体力体质)、年龄、性别和血型等均是生理特征的表现

生理特征是一项基础性特征,与先天性遗传密切相关,生理特征直接影响到驾驶员的感觉功能(视觉和听觉)和反应能力。另外,日本对2000名交通肇事者调查发现,血型与行车倾向也有关系:A型血者喜欢开快车,驾车不满一年就出事故者比重较高;而O型和B型血型的驾驶员在十字路口发生碰撞事故所占比重极高。

2. 人体具有生物节律特征

人体生物节律理论认为：

（1）人的生理状况自出生之日起就像时钟一样有自己连续不断的循环规律，直至生命结束；

（2）人的体力循环期为23天，情绪循环期为28天，智力循环期为33天；

（3）当这些循环处于高潮时，人的行为也处于最佳状态，可能体力旺盛，情绪激昂，反应敏捷；反之，可能体力衰弱，情绪低落，反应迟钝；当这三者处于临界时，人们可能处于不稳定状态。这种节律特性对汽车行驶安全具有某些影响。

3. 驾驶疲劳

长时间处于车速较高或复杂道路环境下的紧张工作状态易导致驾驶员生理机能（包括心理机能）的失调与衰弱，这就是驾驶疲劳。

（1）驾驶疲劳分类

① 肌肉疲劳。开车过程中人的脉搏和心律增高，这时心脏功能加强，另外肌肉的活动，增加了氧气的消耗。操纵力越大，氧气消耗越多，则肌肉与人体的疲劳越严重。还有姿势不正确或一定姿势保持时间过久，使部分血管处于收缩或迟缓状态，血液流动不畅，废物滞留肌肉中，使人感到酸痛与疲劳。

② 精神疲劳。人们因为驾驶过程精力高度集中，经过一段时间后头胀、眼花、精神意识下降（对刺激反应迟缓）、感官（视力、听力）降低，血压和心律变化。这些反应越烈，频率越高，则越疲劳。

③ 脊椎疲劳。驾驶过程中由于长时间弯腰适应驾驶操作导致腰部酸痛，即是脊椎疲劳反应。

（2）驾驶疲劳成因

① 连续驾驶时间过长。一个健康驾驶员，一天连续8小时驾驶（即使途中饮食正常并有短暂休息），也会暂时性疲劳，需要10多个小时的休息恢复。如果连续数天的行车，势必导致形成积累性疲劳。

② 复杂的道路交通环境。道路狭窄，地形起伏，人群熙攘的市区道路，弯曲的盘山公路，高低不平的颠簸，都使驾驶员处于精神高度紧张的状态，容易产生疲劳。

③ 气候的骤然变化。如季节交换，气温差异，阴雨绵绵，狂风暴雨，寒冷酷暑。

④ 驾驶员本身睡眠不足等生活原因。

（3）疲劳驾驶危害

① 感官功能下降，有资料研究测定，工作一天后的疲劳导致对信号灯反应时间滞后，如表3-4所示。

② 由于疲劳而导致发生事故的过程，如图3-3所示。

疲劳从感觉器官对刺激反应变迟缓，到判断、操作失误，从注意力不集中到行车瞌睡，最终使"人、车、路"系统处于主导因素（驾驶员）失控状态。许多血的教训证实了这一点。

表3-4 疲劳前、后对红色信号灯反应时间

年龄/岁	疲劳前反应时间/s	疲劳后反应时间/s
16～22	0.48～0.56	0.6～0.63
22～45	0.58～0.75	0.53～0.82
45～60	0.78～0.80	0.64～0.89

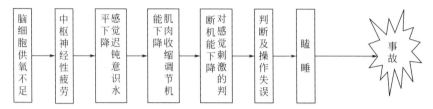

图3-3 疲劳导致交通事故的过程示意图

五、驾驶适应性与交通安全

驾驶适应性也叫驾驶适性，是指一个人能否从事安全行车的可能性与可靠性问题，即适不适合做驾驶员。在"人、车、路"系统中，驾驶员处于主导地位，因此其作用非同一般。国外"事故倾向理论"认为：驾驶员中确存在"事故倾向性"者。近年来国内已开始重视驾驶适性研究与检测。有些人可以适宜驾驶作业，有些人则不适宜驾驶作业。实际上驾驶适性是驾驶者生理、心理素质和智能综合水平的特性。1991年首届"中日驾驶适性理论与事故对策研讨会"在上海召开，推动了我国关于安全行车必备的生理和心理特征的研究。据调查，我国驾驶员队伍中大约有6%～8%的人缺少最低限度的驾驶适性。关于驾驶适性原由与测定方法简介如下。

1. 驾驶员在生理、心理素质上差异

统计数据表明：交通事故存在着一定的倾向性。在同样的行车环境中，驾驶员发生交通事故的概率相差很大，其差异主要表现在以下几个方面。

（1）驾驶员采集道路交通信息的能力不同 由于在汽车行进中，驾驶员观察的各类信息都是在一定相对速度下进行的。而驾驶员的动视力不仅与速度、年龄有关，而且受个人视觉差异影响很大。关于动视力的事故倾向性人群试验结果，见表3-5。

表3-5 驾驶员动视力综合判断结果

运动视力		A	B	C	D	E	F	均值
事故群 （103人）	人数	17	23	14	24	17	8	5.524 27
	%	16.5	22.3	13.6	23.3	16.5	7.8	
无事故群 （103人）	人数	31	29	7	24	10	2	6.737 86
	%	30.1	2.8	6.8	23.3	9.7	1.9	

注：A最优；B优；C良；D中；E劣；F最劣。

统计检验结果说明事故群和无事故群的动视力差异有高度显著性。事故群的动视力综合

判断较差。

（2）驾驶员思维判断和处理信息的能力不同　驾驶过程中的行为方式（感官信息—大脑中枢—判断决策—操作行为）可分为四种组合：

$$判断快 \times 动作快 \Rightarrow 行动敏捷$$
$$判断快 \times 动作慢 \Rightarrow 行动谨慎$$
$$判断慢 \times 动作快 \Rightarrow 行动轻率$$
$$判断慢 \times 动作慢 \Rightarrow 行动迟钝$$

（3）驾驶员操作技能差异　操作技能是感知、判断和动作的综合反应，与驾驶员的技能和经验有密切关系。生理、心理素质和学习、训练以及疲劳、药物等外因都会对驾驶员的操作技能产生影响。

（4）驾驶员智力差异　表3-6是日本对智力高低与事故关系的统计结果。因为智力低下（劣等）在事故群中占19%，而无事故群中只占1.1%，可见人群中智力过低者不适于汽车驾驶。

表3-6　智力与事故的关系（日本）

智力	无事故群	事故群	智力	无事故群	事故群
优	6.5%	4.8%	稍劣	21.4%	24.7%
稍优	30.6%	17.4%	劣	1.1%	19.1%
一般	40.5%	23.9%			

2. 驾驶适应性的测定

我国高校和科研机构从20世纪80年代后期已对驾驶适性的检测作过专题研究。主要检测仪器的功能原理如下。

（1）信息反应综合测试仪　将三种颜色灯（红、绿、黄）随机点亮，以被测人员按键平均反应时间来评价驾驶员的信息处理能力。

（2）动视力综合测试仪　检测驾驶员双眼与被观测物（视标）有一定相对速度下的视力。视标速度分别为：15、30、60（km/h），记录看清视标时的视力作为动视力的测定值，分级评判。

（3）暗适应测试仪　测试驾驶员夜间行车时对明暗照度变化的适应能力。先用强光对眼睛刺激30s，然后关掉强光源，用暗适应灯显示视标，记录看清视标的时间作为暗适应时间。

驾驶适性测定还有操作技能测试仪、行为特征综合测试仪等。

第二节　汽车结构特性与交通安全

汽车作为"人、车、路"系统的实体，其结构特点和各种安全技术的采用，对于行驶安全是非常重要的。

一、汽车的总体结构与交通安全

汽车问世100多年来，在道路交通中的地位和作用日益重要。从发动机的选型到传动系、行驶系、操纵系、制动系，按不同车辆的功能要求与适应性，进行过许多重大改革与更新。围绕着提高汽车的安全性、机动性、轻便性、舒适性以及经济性，各个汽车制造商都采用了许多新技术，新工艺，特别是在改善汽车安全性方面投入了很大的精力。

在汽车的总体结构设计方面，对于乘用车，特别是轿车，普遍采用承载式车身。一些老司机感觉到，20多年以前的汽车往往比较沉重，同时也比较结实经得起撞，这从某种角度上来说是有一定道理的。由于当时的汽车还没有广泛采用承载式车身设计，汽车的底盘往往采用H形钢梁以及沉重的厚钢板，所以车身沉重、车速相对也比较慢，油耗很高。这样的汽车对于安全的保证是所谓的"硬碰硬"，一旦发生撞击便是看谁的重量大、动力强，经常出现"两败俱伤"的事故，破坏力比今天所见到的往往要大得多。如今的汽车无论大小，大多采用了承载式车身设计，没有了沉重的钢梁与车壳，车身轻巧省油，而且车速也不断在提高。同时，通过巧妙的设计，一旦发生事故车身会采取溃缩等方式来消解外力，因此所造成的破坏力反而大大下降，安全性也有大幅度提高。

图3-4　3H车身（承载式车身）

在汽车的整体布局方面，尽量多利用吸能空间、高强度车身、局部加强等方式来提高汽车的碰撞安全性能。如：发动机横置、加强型3H车身（见图3-4）等。在改善驾驶员视野方面，现在都采用整体式、大面积前挡风玻璃、无盲区后视镜等。

二、汽车的主被动安全性与交通安全

汽车的安全性能分为主动安全性能和被动安全性能。主动安全性能是指车辆防止事故发生的能力，主要依靠车辆底盘性能和相应避免事故发生的装置，例如制动、防滑、防燃、防撞、限速、报警、照明等。被动安全性能是指车辆在事故发生时大幅减低碰撞强度的功能，以最大程度保护乘客，尽可能避免重大伤亡事故。其主要依靠车身的抗变形和相应的安全措施，如车身强度、吸能结构、座椅强度、内部设施强度、安全带、逃逸出口、阻燃防毒内饰、消防设施等。对于交通安全来讲，防范发生交通事故非常重要，同时如果发生了交通事故，尽可能地减少交通事故造成人员伤亡和财产损失也非常重要。因此，既要重视汽车的主动安全性能，也要重视汽车的被动安全性能。

为了提高汽车的安全性能，新技术、新结构、新材料层出不穷。在提高主动安全性能上纷纷采用防抱死制动系统（ABS）、电子制动力分配系统（EBD）、紧急制动辅助装置（EBA）、牵引力控制系统（ASR）、主动式安全座椅等装置。被动安全性能方面重在提高车身强度，采用全承载车身结构的设计并选用锰合金钢材料，并且客车座椅、吸能型转向柱、预张紧安全带、安全气囊、车窗、安全出口、阻燃材料、自动灭火装置等已列入强制性被动安全实施标准中。

一些高档汽车还安装了在发生事故后能够简化和促进救援服务工作的系统和措施，如奔驰轿车采用了以下措施：

（1）救援队使用切割工具和设备的切割标志；
（2）救援队使用的联机指导；
（3）车门自动解锁；
（4）发动机自动关闭；
（5）燃油供给自动切断装置；
（6）自动部分开启车窗，使车内通风。

三、汽车行驶特性与交通安全

汽车行驶性能是"人、车、路"系统中最重要的交通功能特性。

1. 汽车动力性能

汽车动力性能主要是指汽车的加速和爬坡能力。汽车的动力来源于发动机，因此其动力性能的好坏主要受发动机的性能影响。

汽车的动力性能是汽车各种性能的核心，通俗地讲就是汽车的"驾驶性能"。一辆动力良好的汽车，驾驶的感觉应该是得心应手，能够把驾驶员的意图表达得非常充分：想加速，脚踩油门踏板马上就能达到所需的车速。这对驾驶安全是非常重要的，特别是在超车时，能够大大减少车辆并行时间，保证行车安全。

2. 汽车制动性能

汽车制动性能是道路交通安全运行非常重要的性能，一般用制动力、制动距离、制动减速度和制动时间来表示。改善和提高汽车制动性能和制动时汽车的稳定性尤为重要，为此现代汽车制动系统采用了很多新技术。

（1）制动防抱死系统（ABS） ABS是汽车制动系统中应用比较早也比较普遍的制动辅助控制系统。它是当驾驶员施加踏板力过大，致使车轮抱死时起作用，防止车轮抱死。因为车轮抱死将使车辆失去控制：后轮抱死将使车辆丧失方向稳定性（甩尾侧滑），前轮抱死则使车辆失去转向能力（方向盘失控）。ABS的主要作用就是根据汽车的行驶状态和车轮的转动情况，在制动过程中自动调节各车轮的制动力，使车轮滑移率被控制在一个狭小的理想范围内，车轮不会抱死，使其纵向制动力和侧向附着能力保持较大值，充分利用轮胎与路面之间的纵向和侧向附着力，提高汽车抗侧滑的能力，改善汽车的操纵性和方向稳定性，缩短制动距离，有效提高行车安全性。随着人们对汽车安全性能要求的不断提高，ABS已逐渐成为乘用车的标准配置。

（2）电子制动力分配系统（EBD） 通常情况下，各个车轮与地面的附着条件不同。

EBD的功能就是在汽车制动的瞬间，由传感器检测前后轮的转动状态，并由车载微处理器高速计算出各轮胎与路面间的附着力大小，然后分别调节各个车轮制动器的制动力矩，使之达到与路面附着力的理想匹配，以进一步缩短制动距离，同时保证车辆制动的平稳和安全。EBD与ABS结合，可大大提高ABS的功效。重踩制动踏板时，EBD会在ABS作用之前，依据车辆的质量分布和路面条件，有效分配制动力，使各个车轮得到理想的制动力。因此，EBD的作用就是在ABS的基础上，平衡每一个车轮的有效地面附着力，改善制动力的平衡，防止出现甩尾和侧滑，并缩短汽车制动距离，使汽车的行驶安全性能更高。

（3）电子制动辅助系统（EBA） 紧急情况发生时，驾驶员从发现情况到作出反应并踩下制动踏板总要有一个过程，这段时间内有可能导致交通事故的发生。电子制动辅助系统利用传感器感应驾驶员对制动踏板施加的力的大小与速度的快慢，通过处理器判断驾驶员的意图。如果属于非常紧急的制动，EBA就会指示制动系统产生更高的油压使ABS发挥作用，从而使制动力快速产生，缩短制动距离。

（4）驱动防滑控制系统（ASR） ASR能时刻根据车辆行驶状况，运用数学算法和控制逻辑使车辆驱动轮在恶劣路面或复杂条件下产生最佳纵向驱动力。由于ASR能够提高车辆的牵引性、操纵性、稳定性，减少轮胎磨损和事故风险（尤其在坏路面上），增加行驶安全性和驾驶轻便性，使得汽车在附着状况不好的路面上能顺利起步和行驶，所以该技术自1985年在瑞典沃尔沃汽车公司诞生以来，得以迅速发展。目前，国外高档轿车大多应用了ASR。

此外，现代汽车上还配备有电控行驶稳定系统（ESP）。该系统将汽车的制动、驱动、悬架、转向、发动机等主要总成的控制系统在功能、结构上有机地结合起来，使汽车在各种恶劣工况下都有最佳的行驶性能。ESP通过对每个车轮滑动率的精确控制，使各个车轮的纵向分力和侧向分力迅速改变，从而在所有工况下均能获得所期望的操纵稳定性。ESP被认为是继ABS和ASR之后，汽车主动安全性的又一重大飞跃。目前它已不再是豪华轿车的专有标准装备，像奇瑞A3等紧凑型轿车也开始应用上了这种安全系统，将来它也会像ABS一样，逐渐在乘用车上得到普及。

3. 汽车操纵稳定性

汽车操纵稳定性指汽车在受到环境强烈干扰（如侧向风、雪、雨条件）和道路崎岖不平、路上有障碍时，汽车驾驶员控制汽车稳定行驶的能力。其中包括转向稳定性、高速稳定性、操纵轻便性等。操纵稳定性主要涉及汽车底盘的结构和性能，为了提高汽车的操纵稳定性，现代汽车在底盘结构上也采用了很多新技术和新工艺。如：电控助力转向，各种新型独立悬架系统等。

4. 汽车行驶平顺性

汽车行驶平顺性指乘坐人员对汽车振动的适应程度，包括振动与路面、轮胎、发动机、传动轴、车身等的关系。为了提高汽车行驶的平顺性，现代汽车底盘上采用诸如空气弹簧、油气弹簧等可变刚度悬架结构，配合减振器工作，提高汽车行驶的平顺性。同时在发动机减振方面采取了更优化的措施，轮胎的质地也更为柔韧，并普遍使用低压轮胎，减轻了汽车行驶中的振动，提高了行驶平顺性。

第三节　道路交通环境与交通安全

道路交通环境是"人、车、路"系统的载体，是保证交通系统正常运行的基础，是实现交通安全的基本保障。道路交通环境主要包括道路条件、交通环境、交通管理措施和气候条件等几个方面。

一、道路条件与交通安全

我国幅员辽阔，地理条件和经济发展差异很大，因此道路交通条件复杂。高速公路、一级公路、二级公路、乡村公路以及城市道路等组成了整个道路网。不同等级、不同地域（高原、平原、山区）、不同路面结构的道路对交通安全的影响方式和程度都不一样。

1. 道路线形与交通安全

道路线形分为平面线形、纵断面线形和横断面线形。

过长的直线段，易使驾驶员因景观单调而产生疲劳，注意力不集中，反应迟缓，一旦有突发情况出现，就会因措手不及而肇事。另外，驾驶员在长直路段爱开快车，致使车辆在接近弯道时速度仍较高，若驾驶员处理不当，往往导致倾覆或其他类型的交通事故。路面线形弯道过多且转弯半径过小也容易发生交通事故。

纵断面线形影响交通安全的因素有坡度、坡长和竖曲线半径（车辆从上坡到下坡所经过的曲线的半径），采用较小的纵坡和大半径的竖曲线，能同时为驾驶员提供良好的视距及超车机会，有利于行车安全。而在坡道太陡、太长或连续坡道太多的路段，都容易发生交通事故。

横断面线形是指沿道路宽度方向，垂直于道路中心线的断面。公路与城市道路横断面的组成有所不同。公路横断面的主要组成有：车行道（路面）、路肩、边沟、边坡、绿化带、分隔带、挡土墙等；城市道路横断面的组成有：车行道（路面）、人行道、路缘石、绿化带、分隔带等。在高路堤和深路堑的路段，还包括挡墙或护栏。道路横断面把不同性质的交通工具和行人分隔开来，有利于交通安全。

2. 路面质量与交通安全

路面质量主要是指路面的平整度、粗糙度、路面强度等。

路面平整度对交通安全和减少车辆的故障率影响很大，因此，它是评价路面质量的重要指标。凹凸不平的路面使车辆颠簸振动，行车阻力加大，汽车的行驶系、传动系的部件容易损坏，乘坐舒适性降低，对于运输的货物而言则容易损坏。最主要的是增加了驾驶员操控车辆的难度，容易发生交通事故。

路面的粗糙度主要影响车辆在路面上的附着力，一般用车轮与路面之间的附着系数来表示。水泥和沙石路面上的附着系数就比沥青路面的附着系数小，在相同的载重量下，轮胎在水泥和沙石路面上发生侧滑的可能性就大，在相同的制动力下制动距离也长，不利于行车安全。另外，在路面潮湿或覆盖冰雪的条件下，附着系数将大大降低，对行车安全影响更大。

路面强度是指路面抵抗变形、磨损的能力。路面强度越高，其承载力越高，并且不容易变形，寿命周期就长，行车安全性好。路面强度受路基质量和路面材料影响很大，我国沈大高速公路在2004年扩建时采用改性沥青，其路面强度比原来的普通沥青路面大幅提高。

二、交通环境与交通安全

我国道路交通环境复杂，许多城市和城镇道路都处于混合交通状态，机动车（货车、轿车、拖拉机、三轮农用车、摩托车等）、自行车、行人混行，对交通安全极为不利，交通事故频发。对于机动车驾驶员而言，掌握交通环境的特点，才能保证在复杂的交通环境中安全行车。

1. 自行车交通

我国的交通结构中，自行车占有较高的比例。自行车出行方便，节约能源，又可锻炼身体，占地面积小，价格便宜，没有污染和噪声，最易实现"门到门"的目的。这是自行车在许多国家成为短途交通工具的重要原因。因此自行车在整个交通系统中不容忽视，它对汽车交通影响主要有以下几个方面：

（1）自行车运行时的蛇形路线。一般自行车把宽在0.45～0.55m，但是其运动路线实际宽度超过1m，并且其蛇形运动路线具有不确定性。因此在机动车、非机动车混行于同一平面的场合，自行车对交通安全的影响很大。

（2）自行车交通在交叉口与汽车争道、抢行、闯红灯等现象。因此，在交叉路口或转弯处应特别注意左右的自行车。

（3）自行车在风、雨、雪天气中对交通安全影响更大，另外不适宜于道路坡度起伏大的地区，其事故率高，而且难以控制。

2. 行人交通

（1）一般情况下行人的运动空间，相邻行人重心距离为1m，行人每步距离0.6～0.75m，行人速度0.8～1.2m/s。但是行人交通的变化没有规律，很难判断行人什么时候分离、掉头、超越、停止和速度变化。因此在混合交通中，行人经常发生安全事故，尤其是老人和儿童。

（2）交叉路口的行人交通管理困难。在没有分隔护栏的情况下，行人对汽车交通影响更大。据统计，在离路口中心80m的路段上，行人穿越车行道的概率最高，随之带来的交通安全隐患很大。

三、交通管理设施与交通安全

道路交通管理设施包括交通信号、交通标志、交通标线、交通分隔栏（墩、带）、交通岗亭等，还有高速公路、收费道路（桥梁、隧道、高架等）的监控系统、防冲护栏。这些交通管理设施都通过文字或符号对汽车交通进行导向、管制、警告、指示、禁令，给汽车交通系统提供交通信息情报。这些道路管理设施的通用性、色彩、符号、形状、设置方法、使用材料等对汽车交通安全都有影响。在我国，因交通管理设施不全、设置不当发生的安全事故很多，因各种交通标志不全、设置不当给驾驶员造成的行车不便更是经常发生。因此，要不断完善交通管理设施，以提高交通安全性。

四、气候条件与交通安全

雨天、雾天、严寒、大风等不良气候条件都会对汽车交通安全运行带来巨大影响，国内外许多事故统计证明了这一点。

雨天对驾驶员行车安全的影响主要有三个方面：一是制动距离及制动特性；二是驾驶员的视线；三是道路上其他交通参与者的行为。雨天路面附着系数低，制动距离长而且容易侧滑，驾驶员的视线不好，加上行人及非机动车在雨天急于赶路的心理，很容易发生车辆与行人及非机动车之间的交通事故。雾天由于能见度很低，最容易发生追尾事故；寒冷的天气车辆容易因路面结冰而使制动距离加长、车辆失控而发生交通事故；大风天气车辆高速稳定性降低，容易跑偏或侧翻。总之，针对不同的天气，驾驶员要做好不同的准备，以降低事故发生率，提高行车安全。

改革开放以来，我国的道路交通环境及设施发展迅速，但是还不能满足社会经济高速发展的需要。随着我国机动车保有量的逐年上升，与之相对应的交通事故也逐年上升。其原因来自于"人、车、路"系统的各个方面。既包括人的原因：车辆驾驶者的驾驶行为、交通参与者自身的安全意识和交通管理者的管理方式；也有车辆安全保护措施、道路交通安全设施、路表状况及其他交通环境状况和道路规划等原因。人、车、路三者在道路交通系统中只有和谐的发展，才能创造一个安全、高效的交通环境。

本章小结

本章主要介绍了人、车、路系统的组成及特性，重点讲述了驾驶员与交通安全的内在关系、汽车结构与交通安全的关系、道路交通环境与交通安全的关系，通过本章的学习，应使学生了解人、车、路系统的组成及特性，以及三者之间的内在联系，掌握驾驶员、道路交通环境与交通安全的关系。

思考题

1. 简述人、车、路系统的组成及其特性。
2. 简述驾驶员的视觉特性与交通安全的关系。
3. 驾驶员的心理特性对交通安全有什么影响？驾驶员应具备怎样的心理素质？
4. 举例说明汽车的结构特点与交通安全的关系。
5. 简述道路交通环境特征对交通安全的影响。

第四章 交通安全常识

学习目标

1. 掌握车辆与驾驶人的管理规定。
2. 掌握各种道路交通信号的含义及规定。
3. 掌握道路通行的有关规定。
4. 掌握伤员急救知识。
5. 了解车辆装载与牵引的有关规定。
6. 了解道路交通事故的处理程序和办法。
7. 了解道路交通事故的法律责任划分。

汽车驾驶员必须了解交通安全常识,这既是安全行车的需要,也是国家法律法规的强制规定。交通安全常识主要包括各种交通法律、法规和规章;道路交通信号;交通事故处理程序;伤员急救知识等。

现行的《中华人民共和国道路交通安全法》(以下简称《道路交通安全法》)和《中华人民共和国道路交通安全法实施条例》(以下简称《实施条例》)是从2004年5月1日开始施行的。2007年12月29日,全国人大常委会通过了对《道路交通安全法》第76条的修订,并于2008年5月1日开始实施。2011年4月22日,全国人大常委会通过了对《道路交通安全法》第91条和第96条的修订,自2011年5月1日起施行。中华人民共和国境内道路上通行的车辆、驾驶人、行人、乘车人以及与道路交通有关的单位和个人,都必须遵守《道路交通安全法》。新的法律与法规对于维护道路交通秩序,预防和减少交通事故,保护人身安全,提高通行效率,都有着非常重要的意义,是人们在道路交通活动中应遵循的行为准则和规范,是进行道路交通安全管理的法律依据。

第一节　车辆与驾驶人的管理规定

一、车辆管理规定

车辆是指机动车和非机动车。

1. 机动车登记规定

机动车是指以动力装置驱动或者牵引，上道路行驶的供人员乘用或者用于运送物品以及进行工程专项作业的轮式车辆。包括各种轿车、货车、客车、摩托车、农用运输车、轮式专用机械车、各种工程车及特种车辆等。机动车登记，是为了加强机动车管理，保护公民、法人和其他组织的合法权益，促进经济、社会发展，保障道路交通安全的行政管理行为。

《道路交通安全法》规定："国家对机动车实行登记制度。机动车经公安机关交通管理部门登记后，方可上道路行驶。尚未登记的机动车，需要临时上道路行驶的，应当取得临时通行牌证。"新车购置后，应尽快办理注册登记和上牌手续，不能超过临时牌证的有效时限。

机动车登记种类

《实施条例》第二章第四条规定：机动车的登记，分为注册登记、变更登记、转移登记、抵押登记和注销登记。

（1）注册登记

《实施条例》第二章第五条规定：初次申领机动车号牌、行驶证的，应当向机动车所有人住所地的公安机关交通管理部门申请注册登记。申请机动车注册登记，应当交验机动车，并提交以下证明、凭证：

① 机动车所有人的身份证明；

② 购车发票等机动车来历证明；

③ 机动车整车出厂合格证明或者进口机动车进口凭证；

④ 车辆购置税完税证明或者免税凭证；

⑤ 机动车交通事故责任强制保险凭证（原机动车第三者责任强制保险凭证）；

⑥ 法律、行政法规规定应当在机动车注册登记时提交的其他证明、凭证。

不属于国务院机动车产品主管部门规定免予安全技术检验的车型的，还应当提供机动车安全技术检验合格证明。

（2）变更登记

《实施条例》第二章第六条规定：已注册登记的机动车有下列情形之一的，机动车所有人应当向登记该机动车的公安机关交通管理部门申请变更登记：

① 改变机动车车身颜色的；

② 更换发动机的；

③ 更换车身或者车架的；
④ 因质量有问题，制造厂更换整车的；
⑤ 营运机动车改为非营运机动车或者非营运机动车改为营运机动车的；
⑥ 机动车所有人的住所迁出或者迁入公安机关交通管理部门管辖区域的。

申请机动车变更登记，应当提交下列证明、凭证，属于前款第①项、第②项、第③项、第④项、第⑤项情形之一的，还应当交验机动车；属于前款第②项、第③项情形之一的，还应当同时提交机动车安全技术检验合格证明：

① 机动车所有人的身份证明；
② 机动车登记证书；
③ 机动车行驶证。

机动车所有人的住所在公安机关交通管理部门管辖区域内迁移、机动车所有人的姓名（单位名称）或者联系方式变更的，应当向登记该机动车的公安机关交通管理部门备案。

（3）转移登记

《实施条例》第二章第七条规定：已注册登记的机动车所有权发生转移的，应当及时办理转移登记。

申请机动车转移登记，当事人应当向登记该机动车的公安机关交通管理部门交验机动车，并提交以下证明、凭证：

① 当事人的身份证明；
② 机动车所有权转移的证明、凭证；
③ 机动车登记证书；
④ 机动车行驶证。

（4）抵押登记

《实施条例》第二章第八条规定：机动车所有人将机动车作为抵押物抵押的，机动车所有人应当向登记该机动车的公安机关交通管理部门申请抵押登记。

（5）注销登记

《实施条例》第二章第九条规定：已注册登记的机动车达到国家规定的强制报废标准的，公安机关交通管理部门应当在报废期满的2个月前通知机动车所有人办理注销登记。机动车所有人应当在报废期满前将机动车交售给机动车回收企业，由机动车回收企业将报废的机动车登记证书、号牌、行驶证交公安机关交通管理部门注销。机动车所有人逾期不办理注销登记的，公安机关交通管理部门应当公告该机动车登记证书、号牌、行驶证作废。

因机动车丢失申请注销登记的，机动车所有人应当向公安机关交通管理部门提交本人身份证明，交回机动车登记证书。

机动车登记办理

（1）办理机关

机动车的登记办理机关是机动车所有人住所所在地公安交通管理部门的车辆管理所。

（2）登记手续

办理机动车登记的申请人提交的证明、凭证齐全、有效的，公安机关交通管理部门应当当场办理登记手续。登记时，机动车所有人应当填写《机动车登记申请表》，并接受对申请登记的机动车的安全技术检验。

（3）登记补发

《实施条例》第二章第十一条规定：机动车登记证书、号牌、行驶证丢失或者损毁，机动车所有人申请补发的，应当向公安机关交通管理部门提交本人身份证明和申请材料。公安机关交通管理部门经与机动车登记档案核实后，在收到申请之日起15日内补发。

（4）其他办理

税务部门、保险机构可以在公安机关交通管理部门的办公场所集中办理与机动车有关的税费缴纳、保险合同订立等事项。

（5）查封、扣押的机动车不予办理登记

人民法院、人民检察院以及行政执法部门依法查封、扣押的机动车，公安机关交通管理部门不予办理机动车登记。

2. 车辆行驶凭证规定

车辆行驶凭证包括机动车号牌、检验合格标志、保险标志和机动车行驶证。《道路交通安全法》规定：驾驶机动车上道路行驶，应当悬挂机动车号牌、放置检验合格标志、保险标志，并随车携带机动车行驶证。机动车号牌应当按照规定悬挂并保持清晰、完整，不得故意遮挡、污损。任何单位和个人不得收缴、扣留机动车号牌。

《实施条例》第二章第十三条规定：机动车号牌应当悬挂在车前、车后指定位置。重型、中型载货汽车及其挂车、拖拉机及其挂车的车身或者车厢后部应当喷涂放大的牌号，字样应当端正并保持清晰；机动车检验合格标志、保险标志应当粘贴在机动车前窗右上角；机动车喷涂、粘贴标识或者车身广告的，不得影响安全驾驶。

3. 机动车安全技术检验规定

机动车的安全技术检验是根据道路交通对机动车的要求和国家有关安全的强制性标准，对车辆与行驶有关的全部或者部分性能进行检验。它对提高车辆技术状况，充分发挥车辆效能、延长车辆使用寿命、避免发生安全事故、确保行车安全起着重要的作用。

《道路交通安全法》规定：对登记后上道路行驶的机动车，应当依照法律、行政法规的规定，根据车辆用途、载客载货数量、使用年限等不同情况，定期进行安全技术检验。对提供机动车行驶证和机动车交强险保险单的，机动车安全技术检验机构应当予以检验，任何单位不得附加其他条件。对符合机动车国家安全技术标准的，公安机关交通管理部门应当发给检验合格标志。

《实施条例》第二章第十五条规定：机动车安全技术检验由机动车安全技术检验机构实施。机动车安全技术检验机构应当按照国家机动车安全技术检验标准对机动车进行检验，对检验结果承担法律责任。

质量技术监督部门负责对机动车安全技术检验机构实行资格管理和计量认证管理,对机动车安全技术检验设备进行检定,对执行国家机动车安全技术检验标准的情况进行监督。

《实施条例》第二章第十六条规定:机动车应当从注册登记之日起,按照下列期限进行安全技术检验:

（1）营运载客汽车5年以内每年检验1次;超过5年的,每6个月检验1次;

（2）载货汽车和大型、中型非营运载客汽车10年以内每年检验1次;超过10年的,每6个月检验1次;

（3）小型、微型非营运载客汽车6年以内每2年检验1次;超过6年的,每年检验1次;超过15年的,每6个月检验1次;

（4）摩托车4年以内每2年检验1次;超过4年的,每年检验1次;

（5）拖拉机和其他机动车每年检验1次。

营运机动车在规定检验期限内经安全技术检验合格的,不再重复进行安全技术检验。已注册登记的机动车进行安全技术检验时,机动车行驶证记载的登记内容与该机动车的有关情况不符,或者未按照规定提供机动车交通强制保险凭证的,不予通过检验。

2014年5月16日,公安部、质检总局联合公布了《关于加强和改进机动车检验工作的意见》(以下简称《意见》)。《意见》共包含18条改革措施,第11条规定:2014年9月1日起,试行6年以内的非营运轿车和其他小型、微型载客汽车(面包车、7座及7座以上车辆除外)免检制度。在此期间,每2年提供交强险凭证、车船税纳税或免征证明后,直接向公安交管部门申领检验标志。

4. 机动车强制报废规定

为了保障道路交通和人民群众生命财产安全,鼓励技术进步,节约能源,保护环境,《道路交通安全法》规定:国家实行机动车强制报废制度,根据机动车的安全技术状况和不同用途,规定不同的报废标准。应当报废的机动车必须及时办理注销登记。

机动车辆办理报废注销登记手续,应持单位介绍信或本人有效证件,说明机动车报废的原因,由公安机关交通管理部门同意,填写《机动车变更、改装、停驶、复驶、报废审批表》,收缴机动车辆号牌和行驶证。机动车辆办完报废手续后,在注册及计算机中即予注销。报废机动车辆不准变卖、转籍或重新办理机动车辆号牌和行驶证。

5. 特种机动车使用规定

特种机动车包括警车、消防车、救护车、工程救险车等。这些机动车辆在工作时,时间紧、任务急、不受速度或停放地点的限制,因此,这些车辆应该有特殊的颜色、标志图案、警灯及警报装置,以示区别其他车辆,并引起人们的注意,保障车辆行驶安全。

《道路交通安全法》规定:警车、消防车、救护车、工程救险车应当按照规定喷涂标志图案,安装警报器、标志灯具。其他机动车不得喷涂、安装、使用上述车辆专用的或者与其相类似的标志图案、警报器或者标志灯具。警车、消防车、救护车、工程救险车应当严格按照规定的用途和条件使用。

6. 机动车交通事故强制保险规定

为了保障机动车道路交通事故受害人依法得到赔偿，促进道路交通安全，根据《道路交通安全法》《保险法》制定的《机动车交通事故强制保险条例》于2006年7月1日正式实施。该条例所称的机动车交通事故责任强制保险，是指由保险公司对被保险机动车发生道路交通事故造成本车人员、被保险人以外的受害人的人身伤亡、财产损失，在责任限额内予以赔偿的强制性责任保险。交强险实施后，原来的第三者责任险变为非强制险种。

二、驾驶人管理规定

机动车驾驶人管理是道路交通安全管理的基础性工作。据统计，在道路上发生的机动车交通事故中，驾驶人的责任约占70%。这说明，在影响交通安全的诸多因素中，驾驶人是主要的因素。因此加强驾驶人的管理，提高驾驶人的遵纪守法观念和安全行车技术是非常重要的。

1. 机动车驾驶证管理规定

机动车驾驶证，是证明公安机关交通管理部门许可持证人驾驶机动车的证件。只有持有效《中华人民共和国机动车驾驶证》的人员，才准予驾驶准驾车型在国内的道路上行驶。

《道路交通安全法》第二章第十九条规定：驾驶机动车，应当依法取得机动车驾驶证。

申请机动车驾驶证，应当符合国务院公安部门规定的驾驶许可条件；经考试合格后，由公安机关交通管理部门发给相应类别的驾驶证。

持有境外机动车驾驶证的人，符合国务院公安部门规定的驾驶许可条件，经公安机关交通管理部门考核合格的，可以发给中国的机动车驾驶证。

驾驶人应当按照驾驶证载明的准驾车型驾驶机动车；驾驶机动车时，应当随身携带机动车驾驶证。公安机关交通管理部门以外的任何单位或者个人，不得收缴、扣留机动车驾驶证。

《实施条例》第二章第十九条规定：符合国务院公安部门规定的驾驶许可条件的人，可以向公安机关交通管理部门申请机动车驾驶证。公安机关交通管理部门应当对申请机动车驾驶证的人进行考试，对考试合格的，在5日内核发机动车驾驶证；对考试不合格的，书面说明理由。

机动车驾驶人初次申领机动车驾驶证后的12个月为实习期。在实习期内驾驶机动车的，应当在车身后部粘贴或者悬挂统一式样的实习标志。机动车驾驶人在实习期内不得驾驶公共汽车、营运客车或者执行任务的警车、消防车、救护车、工程救险车以及载有爆炸物品、易燃易爆化学物品、剧毒或者放射性等危险物品的机动车；驾驶的机动车不得牵引挂车。

2. 机动车驾驶培训规定

机动车驾驶培训是一项保障道路交通安全的基础性工作，特别是我国目前正处于机动车保有量高速增长的时期，大量的"新手"驾车穿行于拥挤的道路上，如果不能有效地保障驾驶培训质量，将给道路交通安全带来极大的威胁。

《道路交通安全法》第二章第二十条规定：

机动车的驾驶培训实行社会化，由交通主管部门对驾驶培训学校、驾驶培训班实行资格管理，其中专门的拖拉机驾驶培训学校、驾驶培训班由农业（农业机械）主管部门实行资格管理。

驾驶培训学校、驾驶培训班应当严格按照国家有关规定，对学员进行交通道路安全法律、法规、驾驶技能的培训，确保培训质量。

任何国家机关以及驾驶培训和考试主管部门不得举办或者参与举办驾驶培训学校、驾驶培训班。

《实施条例》第二十条规定：

（1）学习机动车驾驶，应当先学习道路交通安全法律、法规和相关知识，考试合格后，再学习机动车驾驶技能。

（2）在道路上学习驾驶，应当按照公安机关交通管理部门指定的路线、时间进行。在道路上学习机动车驾驶技能应当使用教练车，在教练员随车指导下进行，与教学无关的人员不得乘坐教练车。学员在学习驾驶中有道路交通安全违法行为或者造成交通事故的，由教练员承担责任。

3．机动车行驶前检查规定

车辆技术状况的好坏，尤其是涉及安全的部件是否齐全有效是决定行车安全的重要因素。在以往发生的交通事故中，有很多是由于车辆机件失灵、损坏造成的，如转向、制动失效及爆胎等原因。所以要保证车辆在道路上安全行驶，就必须在行车前对车辆进行认真检查及维护。

《道路交通安全法》规定：驾驶人驾驶机动车上道路行驶前，应当对机动车的安全技术性能进行认真检查；不得驾驶安全设施不全或者机件不符合技术标准等具有安全隐患的机动车。

4．驾驶人遵章守纪规定

《道路交通安全法》规定：机动车驾驶人应当遵守道路交通安全法律、法规的规定，按照操作规范安全驾驶、文明驾驶。饮酒、服用国家管制的精神药品或者麻醉药品，或者患有妨碍安全驾驶机动车的疾病，或者过度疲劳影响安全驾驶的，不得驾驶机动车。

交通安全法律、法规，是国家制定的用以保障交通安全的强制性规范，机动车驾驶人必须严格遵守。具体应做到：

（1）驾驶机动车时须携带驾驶证；

（2）不准转借、涂改或者伪造驾驶证；

（3）不准将机动车交给没有驾驶证的人驾驶；

（4）不准驾驶与准驾证不相符合的机动车；

（5）未按规定审验或者审验不合格的，不准继续驾驶机动车；

（6）不准驾驶安全设备不全或者机件失灵的机动车；

（7）不准驾驶不符合装载规定的机动车；

（8）在患有妨碍安全行车的疾病或者过度疲劳时，不准驾驶机动车；

（9）驾驶和乘坐二轮摩托车须戴头盔；

（10）车门、车厢门没有关好时，不准行车；

（11）不准穿拖鞋驾驶机动车；

（12）不准在驾驶机动车时吸烟、饮食、闲谈或者有其他妨碍安全行车的行为；

（13）不准酒后驾驶机动车；

（14）不准服用国家管制的精神药品或者麻醉药品后驾驶机动车；

（15）患有妨碍安全驾驶机动车的疾病或过度疲劳时，不准驾驶机动车。

5. 对机动车驾驶证实施审验的规定

《道路交通安全法》规定：公安机关交通管理部门依照法律、行政法规的规定，定期对机动车驾驶证实施审验。

6. 累积记分制度的管理规定

累积记分制度是指对交通违章驾驶人，根据违章情节轻重分别记以分值，并在一年时间内进行累计，再按照累计的结果作出相应处理的制度。该制度是预防和减少驾驶人交通违章行为以及交通事故发生的一种有效的教育防范措施。

《道路交通安全法》规定：公安机关交通管理部门对机动车驾驶人违反道路交通安全法律、法规的行为，除依法给予行政处罚外，实行累积记分（以下简称记分）制度。

《实施条例》规定：

（1）记分周期为12个月。对在一个记分周期内记分达到12分的，由公安机关交通管理部门扣留其机动车驾驶证，该机动车驾驶人应当按照规定参加道路交通安全法律、法规的学习并接受考试。考试合格的，记分予以清除，发还机动车驾驶证；考试不合格的，继续参加学习和考试。

（2）应当给予记分的道路交通安全违法行为及其分值，由国务院公安部门根据道路交通安全违法行为的危害程度规定。

（3）公安机关交通管理部门应当提供记分查询方式供机动车驾驶人查询。

（4）机动车驾驶人在一个记分周期内记分未达到12分，所处罚款已经缴纳的，记分予以清除；记分虽未达到12分，但尚有罚款未缴纳的，记分转入下一记分周期。

（5）机动车驾驶人在一个记分周期内记分2次以上达到12分的，除按照第（1）条的规定扣留机动车驾驶证、参加学习、接受考试外，还应当接受驾驶技能考试。考试合格的，记分予以清除，发还机动车驾驶证；考试不合格的，继续参加学习和考试。

（6）接受驾驶技能考试的，按照本人机动车驾驶证载明的最高准驾车型考试。

（7）机动车驾驶人记分达到12分，拒不参加公安机关交通管理部门通知的学习，也不接受考试的，由公安机关交通管理部门公告其机动车驾驶证停止使用。

（8）机动车驾驶人在机动车驾驶证的6年有效期内，每个记分周期均未达到12分的，换发10年有效期的机动车驾驶证；在机动车驾驶证的10年有效期内，每个记分周期均未达到12分的，换发长期有效的机动车驾驶证。换发机动车驾驶证时，公安机关交通管理部门应当对机动车驾驶证进行审验。

《机动车驾驶证申领和使用规定》中依据道路交通安全违法行为的严重程度，将违法行为分为50种。其中一次记12分的有11种；一次记6分的有14种；一次记3分的有12种；一次记2分的有11种；一次记1分的有4种。

第二节　道路交通信号

道路交通信号是用以指挥车辆、行人在道路上通行的具有某种特定含义的法定信息，其作用是对道路上通行的车辆、行人科学地分配通行权，保障道路交通安全、有序。参与交通的机动车、非机动车、行人等必须严格按照交通信号的指示通行。全国实行统一的道路交通信号。道路交通信号包括交通信号灯、交通标志、交通标线和交通警察的指挥等。

交通信号灯、交通标志、交通标线的设置应当符合道路交通安全、畅通的要求和国家标准，并保持清晰、醒目、准确、完好。根据通行需要，应当及时增设、调换、更新道路交通信号。增设、调换、更新限制性的道路交通信号，应当提前向社会公告，广泛进行宣传。

一、交通信号灯

交通信号灯由红灯、绿灯、黄灯组成。红灯表示禁止通行，绿灯表示准许通行，黄灯表示警示。交通信号灯可分为指挥灯、车道灯和人行横道灯等灯色信号。具体有机动车信号灯、非机动车信号灯、人行横道信号灯、车道信号灯、方向指示信号灯、闪光警告信号灯、道路与铁路平面交叉道口信号灯等。

1. 指挥灯信号

指挥灯信号包括绿灯亮、绿色箭头灯亮、黄灯亮、黄灯闪烁和红灯亮五种显示方式。设置样式有水平式和垂直式两种，指挥灯的形式有圆形灯和箭头灯两种，如图4-1所示。

（1）绿灯亮——准许通行信号　绿灯亮时，面对绿灯的车辆、行人均直行，也可左转弯、右转弯。但转弯的车辆不准妨碍直行的车辆和被放行的行人通行，如图4-2所示。

（2）黄灯亮——预备停止信号　黄灯亮，是绿灯将要变红灯的过渡信号，此时不准车辆、行人通行，但已越过停止线的车辆和已经进入人行横道的行人，可继续通行，如图4-3所示。未进入停止线的，一律不准闯黄灯。但对于各方右转弯的车辆和T形路口右边无横道的直行车辆，在不妨碍被放行的车辆和行人通行的情况下，可以通行。

（3）红灯亮——禁止通行信号　红灯亮时，不准车辆、行人通行，如图4-4所示。但对于右转弯的车辆和T形路口右边无横道的直行车辆，在不妨碍被放行的车辆和行人通行的情况下，可以通行。

图4-1 指挥灯形式

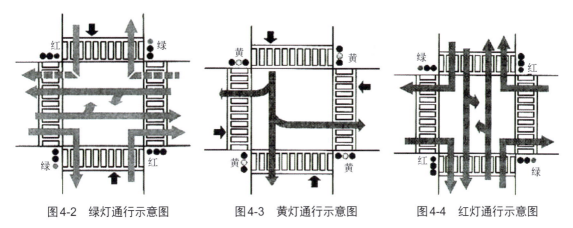

图4-2 绿灯通行示意图　　图4-3 黄灯通行示意图　　图4-4 红灯通行示意图

（4）绿色箭头灯亮——按规定方向通行信号　绿色箭头灯亮时，准许车辆按箭头所示方向通行。此时，无论三色灯哪个灯亮，车辆都可以按箭头所指的方向行驶。

（5）黄灯闪烁——夜间警告信号　黄灯闪烁是在夜间、车流量很小的情况下使用，以提醒驾驶人和行人注意前方有交叉路口。黄灯闪烁时，车辆、行人须在确保安全的原则下通过。

2．车道灯信号

车道灯信号由绿色箭头灯和红色叉形灯组成，如图4-5所示，设在可变车道上。绿色箭头灯亮时，准许面对箭头灯的车辆进入绿色箭头所指的车道内通行。红色叉形灯亮时，不准面对红色叉形灯的车辆进入红色叉形灯下方的车道通行。设置车道灯的目的，是为了提前提示驾驶人前方车道能否通行。如不能通行，须驶入绿色箭头灯下方的车道通行，以免造成交通堵塞。在通过公路收费站时，都能看到车道灯信号。

3．人行横道灯信号

人行横道灯信号由红、绿两色灯组成，上红下绿，在红灯镜面上有一个站立的黑色人形象，在绿灯镜面上有一个行走的黑色人形象。设在车辆和人流繁忙的重要交叉路口的人行横道两端，灯头面向车行道，与道路中心线垂直，并与交通指挥信号系统相联系，与自动控制信号灯的开放灯色是一致的。

人行横道灯使用规定是：绿灯亮时，准许行人通过人行横道；绿灯闪烁时，行人不准进入人行横道，但已进入人行横道的，可以继续通行；红灯亮时，行人不准进入人行横道，如图4-6所示。路段中间的人行横道，可视实际需要设置行人按钮式的人行横道信号灯，车辆如遇行人要求横过车行道时应让其优先通过。

图 4-5 车道灯　　　　　　　　　　　　　　图 4-6 人行横道灯

二、道路交通标志

道路交通标志，是指用图形符号、颜色和文字等向交通参与者传递法定信息，用以管理、警告及引导交通的安全设施。

道路交通标志分为主标志和辅助标志两类。其中主标志包括警告标志、禁令标志、指示标志、指路标志、旅游区标志和道路施工安全标志 6 种，辅助标志是附设在主标志下，起辅助说明作用的标志。

1. 警告标志

警告标志的作用是警告车辆、行人注意危险地点。颜色为黄底、黑边、黑图案，形状除个别标志外，均为等边三角形，顶角朝上。

（1）路口警告标志　路口警告标志用于警告车辆、行人前方是路口，应减速，注意观察，并做好采取应急措施的准备，安全通过。路口警告标志有 6 个，根据公路通行速度的不同，设在进入路口前的适当位置，如图 4-7 所示。

十字交叉路　　　　　　T 形交叉路口　　　　　　T 形交叉路口

T 形交叉路口　　　　　　Y 形交叉路口　　　　　　环形交叉路口

图 4-7　路口警告标志

（2）弯路警告标志　弯路警告标志用于警告驾驶人前面就要驶入弯道，要减速、鸣喇叭、靠右行，注意对方驶来车辆，保证会车安全。该标志有 4 个，根据公路通行速度的不同，设在进入弯路前的适当位置，如图 4-8 所示。

向左急弯路　　　　向右急弯路　　　　反向弯路　　　　连续弯路

图4-8　弯路警告标志

（3）坡路警告标志　坡路警告标志设在纵坡度大于7%（市区纵坡度大于4%）的坡路前的适当位置，用于警告驾驶人前面是坡路，要提高警惕，谨慎驾驶，安全通过。该标志有2个，如图4-9所示。

上坡路　　　　下坡路

图4-9　坡路警告标志

（4）窄路警告标志　窄路警告标志设在车道变窄以前的适当位置，用于警告驾驶人前面道路变窄，应注意减速，采取相应措施，防止驶出路外或发生碰撞。该标志有4个，如图4-10所示。

两侧变窄　　　　左侧变窄　　　　右侧变窄　　　　窄桥标志

图4-10　窄路警告标志

（5）复杂路段警告标志　复杂路段警告标志设在地形较为复杂，道路通行条件较差的傍山险路、村庄、堤坝路、隧道、渡口、过水路面、事故易发地段等驶入路段的适当位置，用于警告驾驶人根据不同道路特点，谨慎驾驶、注意安全。如图4-11所示。

（6）提醒注意标志　提醒注意标志有注意障碍物标志（左右绕行标志、左侧绕行标志、右侧绕行标志）、注意横风标志、注意行人标志、注意儿童标志、注意非机动车标志、注意牲畜标志、注意落石标志、注意信号灯标志和注意危险标志共9种，12个，如图4-12所示。

注意障碍物标志设在障碍物前适当位置，用以提醒车辆前方有障碍物，车辆应按标志指示减速慢行、绕行。

注意横风标志设置在经常有很强的侧向风出现的路段以前的适当位置，用以提醒驾驶人小心驾驶，注意横向大风。

注意行人标志一般设置在郊外道路上划有人行横道的前方，城市道路上因人行横道较多，可根据实际需要设置。用于警告驾驶人注意前方有人行横道，注意行人并做好减速让行准备。

注意儿童标志主要设在小学校、幼儿园、少年宫、儿童游乐场等儿童经常出入的场所附近的道路边上，用于警告驾驶人前方是少年儿童的集散地，在道路上通行的突然性大，要特别注意，保证安全。

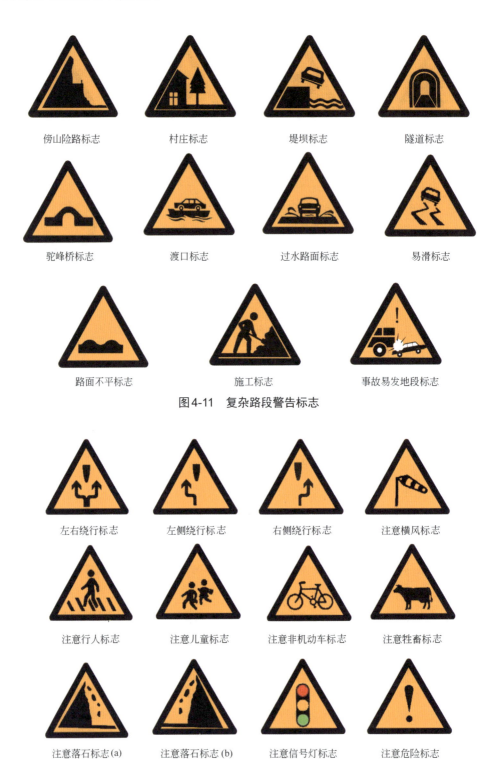

图 4-11 复杂路段警告标志

图 4-12 提醒注意标志

注意牲畜标志设置在经常有牲畜活动的路段特别是视线不良的路段以前的适当位置。

注意落石标志设置在傍山路段上，用于提醒驾驶人注意山坡上落下石块。

注意信号灯标志设在驾驶人不易发现交通信号灯的路口或由高速公路驶入一般道路的第

一个信号灯控制路口以前的适当位置。用于警告驾驶人前方是有信号灯指挥的路口，应注意信号，按信号指挥通行。

注意危险标志设在危险地点以前的适当位置，用于警告驾驶人注意以上标志不能包括的其他危险情况。这种标志虽然危险的内容不具体，但是危险情况是存在的，要求驾驶人要从多方面作好防范准备。

（7）铁路道口标志　铁路道口标志有无人看守铁路道口标志、有人看守铁路道口标志及叉形符号、斜杠符号4种，6个，如图4-13所示。

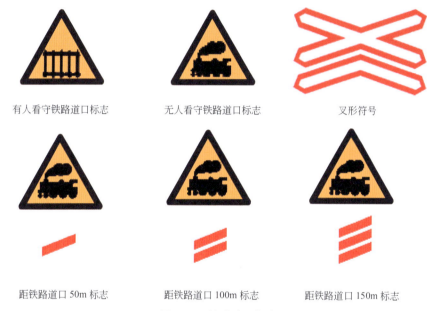

图4-13　铁道路口标志

无人看守铁路道口标志和有人看守铁路道口标志设置在驶入道口路段以前的适当位置，用以提醒驾驶人前面是铁路，注意火车，做到"一慢、二看、三通过"。

叉形符号表示多股铁道与道路交叉。

在无人看守的铁路道口，应在"无人看守铁路道口"标志下设斜杠符号。斜杠符号共有三块，一道斜杠的标志设在距铁路道口50m的位置，二道、三道斜杠标志分别设在距铁路道口100m和150m位置，用以提醒驾驶人接近铁路道口的距离。

（8）其他警告标志　除上述警告标志外还有双向交通和慢行标志，如图4-14所示。

双向交通标志　　　慢行标志

图4-14　其他警告标志

双向交通标志设在由单向行驶进入双向行驶或由双向分离行驶,因某种原因出现临时性、永久的不分离双向行驶路段以前的适当位置,用以警告车辆驾驶人注意会车安全。慢行标志设在需要减速慢行路段以前的适当位置,用以警告驾驶人减速慢行,防止事故发生。

2. 禁令标志

禁令标志是禁止或限制车辆、行人交通行为的标志。其形状绝大多数为圆形,只有二个分别为等边八角形和顶角向下的等边三角形。颜色除个别标志外,多为白底、红圈、红杠、黑图案,图案压杠,如图4-15所示。

3. 指示标志

指示标志的作用是指示车辆、行人的行进方向或方式。其颜色为蓝底白图案,形状分为圆形、长方形和正方形三种,如图4-16所示。

4. 指路标志

指路标志是传递道路方向、地点和距离等方面信息的标志。指路标志分为一般道路指路标志和高速公路指路标志两大类。其颜色,一般道路为蓝底白图案,高速公路为绿底白图案。其形状,除地点识别标志、里程碑、分合流标志外,都是长方形和正方形。

(1)一般道路指路标志 一般道路指路标志的形状除地点识别标志外,均为长方形。颜色大多为蓝底、白图案,如图4-17所示。

(2)高速公路指路标志 高速公路指路标志大多为长方形、正方形和菱形。颜色大多为绿底、白图案,如图4-18所示。

(3)线形诱导标志 线形诱导标志,用于引导车辆驾驶人改变行驶方向,保证安全运行。视需要设于易肇事的弯道路段。一般道路为蓝底白图案,高速公路为绿底白图案,用以提供一般性行驶指示;警告性线形诱导标志为红底白图案,可使车辆驾驶人提高警觉。如图4-19所示。

5. 旅游区指示标志

为吸引和指示人们从高速公路或其他道路上前往邻近的旅游区,应在通往旅游景点的叉路口设置一系列旅游标志,使旅游者能方便识别通往旅游区的方向和距离,了解旅游项目的类别。旅游区指示标志分为指引标志和旅游符号标志两大类,形状为长方形或正方形,颜色为棕色底、白色图案,如图4-20所示。

6. 道路施工安全标志

道路施工安全标志设在正在施工的道路上的适当位置,用以封路,指示、引导车辆绕行,警告车辆减速、注意安全等,如图4-21所示。

7. 辅助标志(共16种)

凡主标志无法完整表达或指示其规定时,为维护行车安全与交通畅通,还需设置辅助标志,起辅助说明的作用。辅助标志的颜色为白底、黑字、黑边框,其形状为长方形。辅助标志安装在主标志下面,紧靠主标志下缘。辅助标志有时间标志、车辆种类标志、区域或距离标志、警告及禁令理由标志、组合辅助标志五种。如图4-22所示。

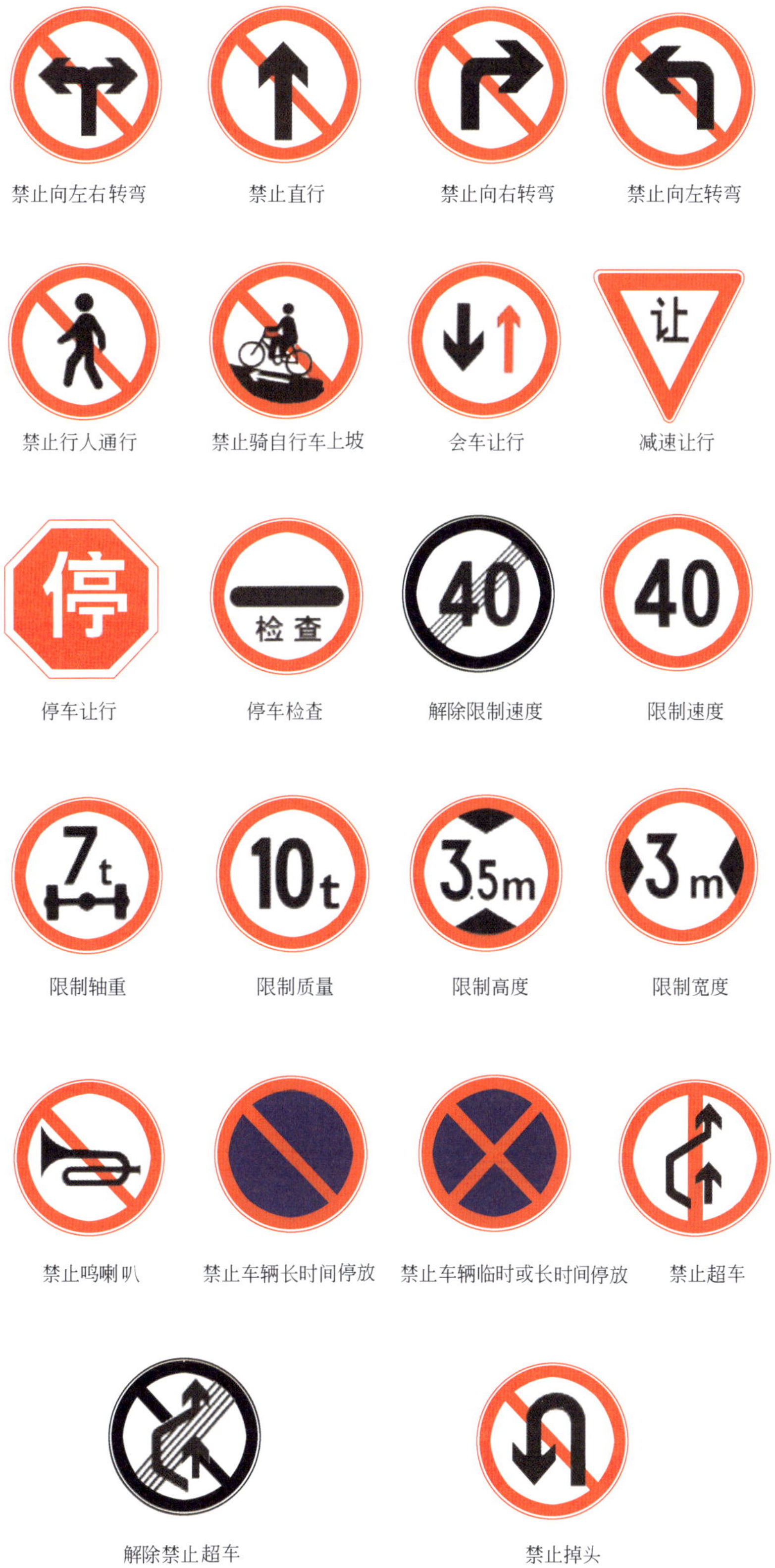

禁止向左右转弯　　禁止直行　　禁止向右转弯　　禁止向左转弯

禁止行人通行　　禁止骑自行车上坡　　会车让行　　减速让行

停车让行　　停车检查　　解除限制速度　　限制速度

限制轴重　　限制质量　　限制高度　　限制宽度

禁止鸣喇叭　　禁止车辆长时间停放　　禁止车辆临时或长时间停放　　禁止超车

解除禁止超车　　禁止掉头

图4-15　禁令标志

图4-16 指示标志

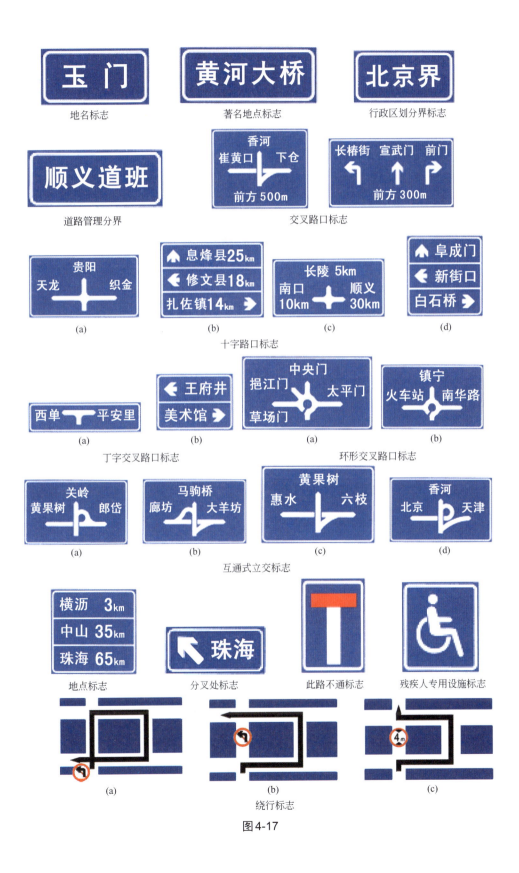

图4-17

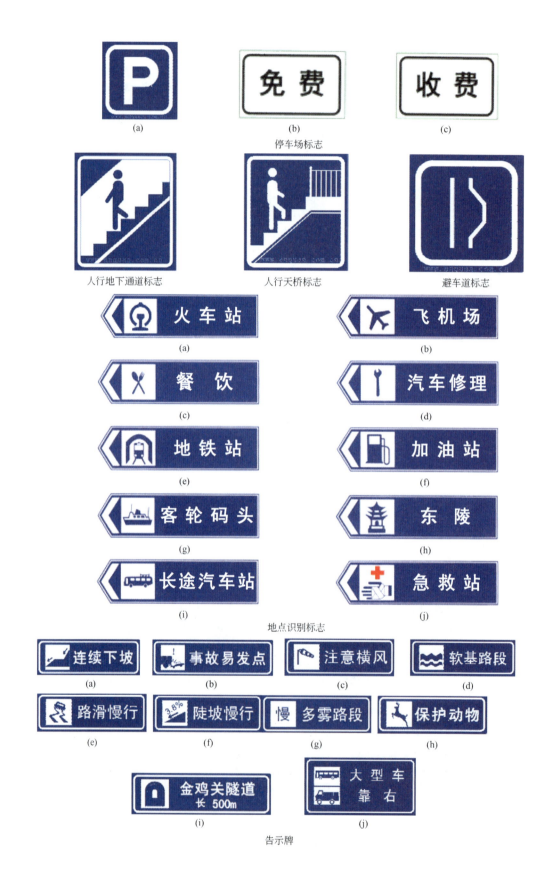

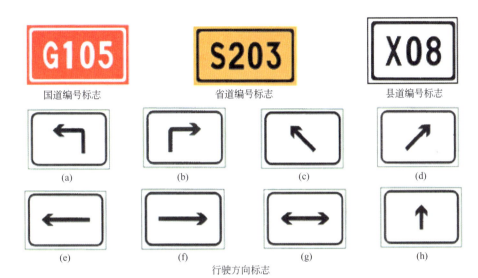

　(a)　　　　　　　(b)　　　　　　　(c)　　　　　　　(d)

　(e)　　　　　　　(f)　　　　　　　(g)　　　　　　　(h)

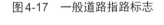

图4-17　一般道路指路标志

图4-18

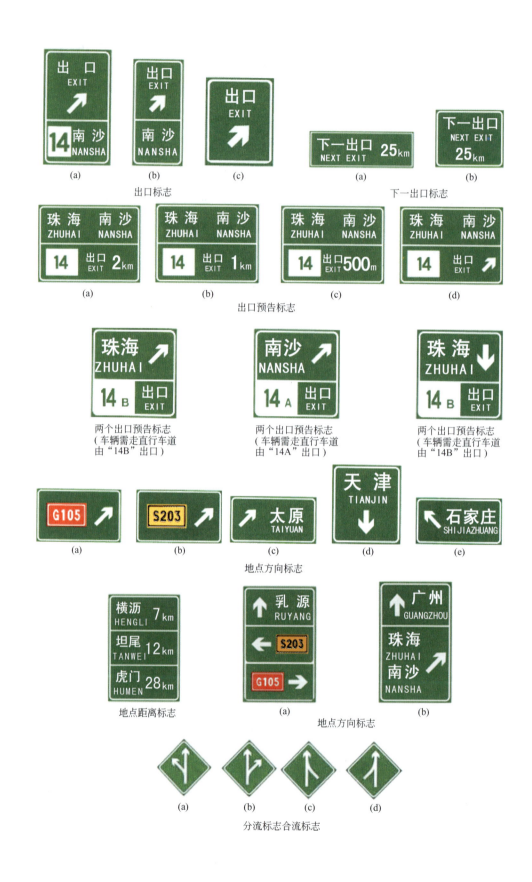

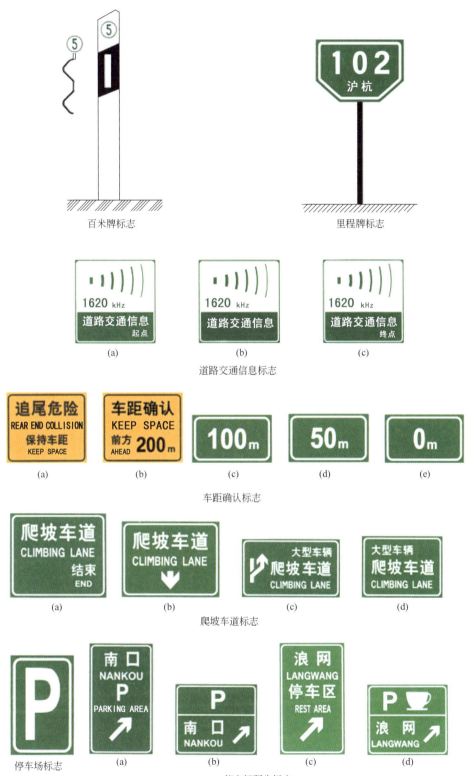

图4-18

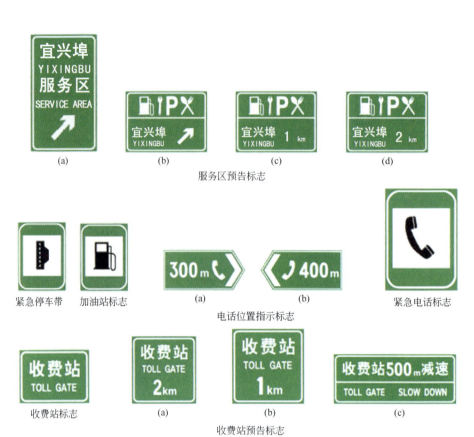

图4-18 高速公路指路标志

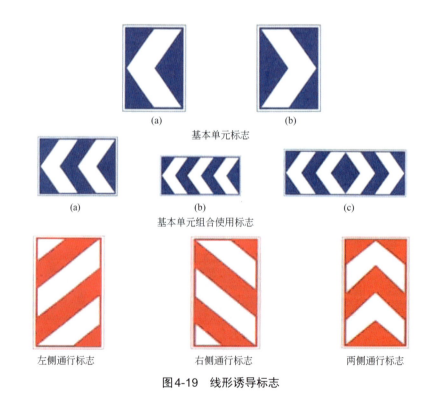

图4-19 线形诱导标志

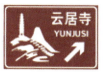

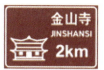

云居寺
YUNJUSI
旅游区方向标志
金山寺
JINSHANSI
2km
旅游区距离标志

(a) 指引标志

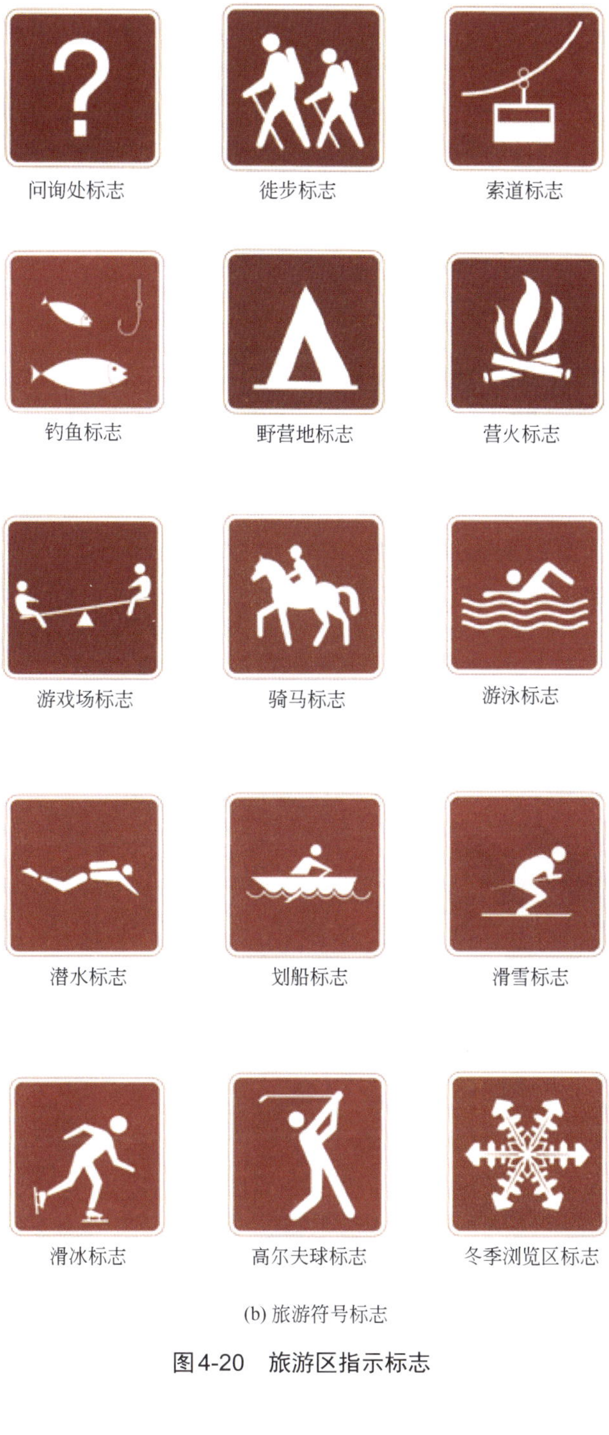

问询处标志
徒步标志
索道标志
钓鱼标志
野营地标志
营火标志
游戏场标志
骑马标志
游泳标志
潜水标志
划船标志
滑雪标志
滑冰标志
高尔夫球标志
冬季浏览区标志

(b) 旅游符号标志

图4-20　旅游区指示标志

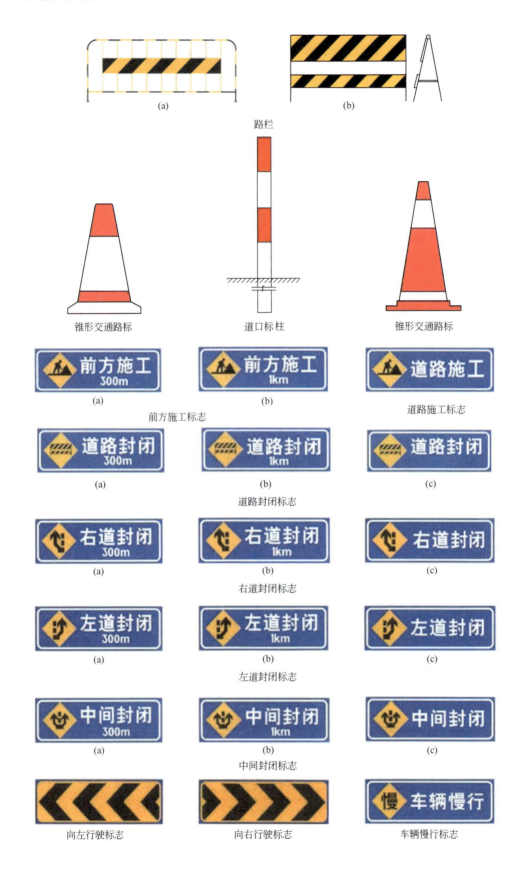

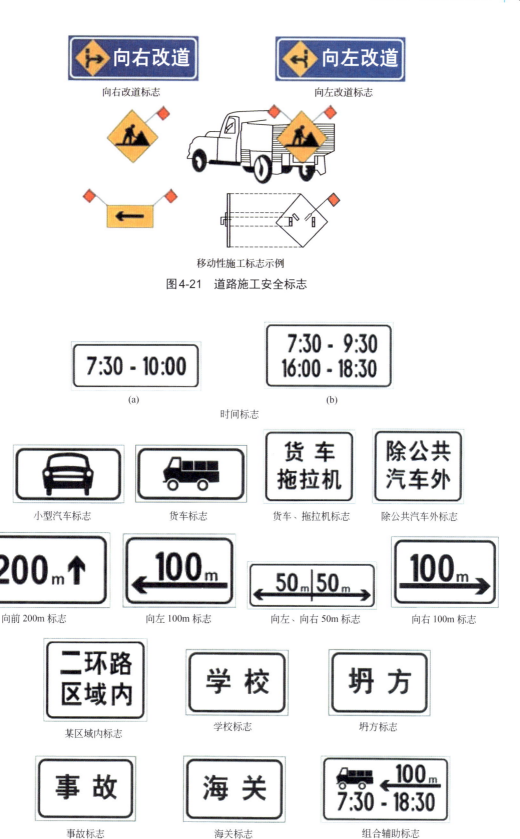

图 4-21 道路施工安全标志

图 4-22 辅助标志

三、道路交通标线

道路交通标线是由标划于路面上的各种线条、箭头、文字、立面标记、突起路标和轮廓标等所构成的交通安全设施。它的作用是管制和引导交通。可以与标志配合使用,也可单独使用。道路交通标线按功能可分为以下三类。一是指示标线:指示车行道、行车方向、路面边缘、人行道等设施。二是禁止标线:告示道路交通的遵行、禁止、限制等特殊规定,车辆驾驶人及行人需严格遵守。三是警告标线:促使车辆驾驶人及行人了解道路上的特殊情况,提高警觉。

1. 指示标线

指示标线共有 30 种,如图 4-23 所示。

2. 禁止标线

禁止标线共有 29 种,如图 4-24 所示(图中略去 7 种)。

3. 警告标线

警告标线共 11 种,如图 4-25 所示。

4. 其他标志

其他标志有 2 种,如图 4-26 所示。

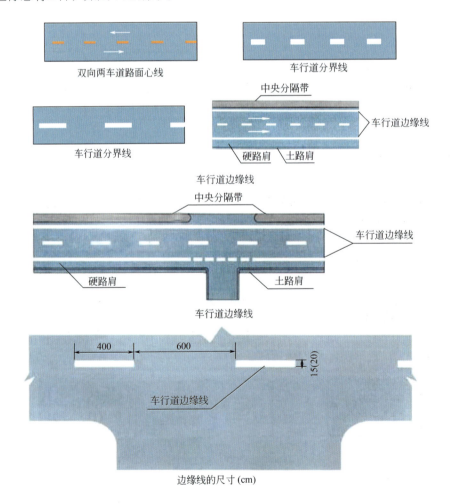

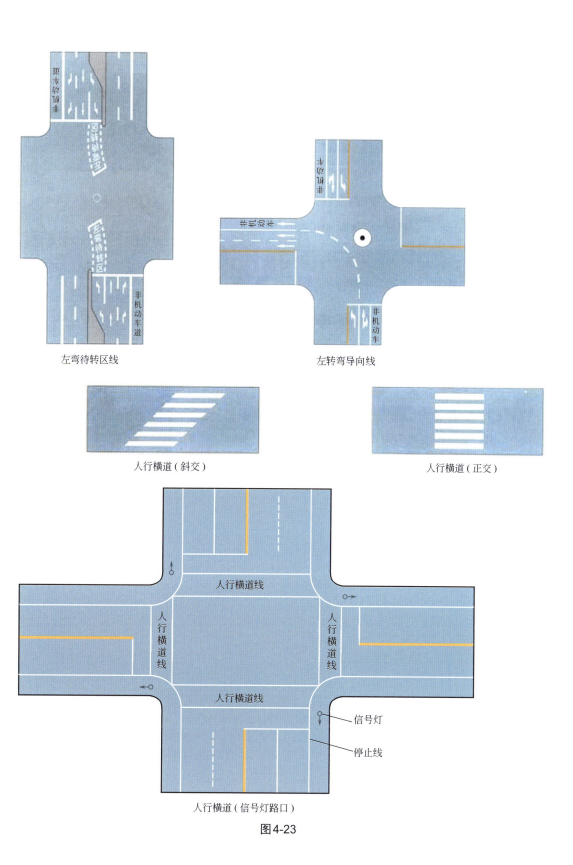

图 4-23

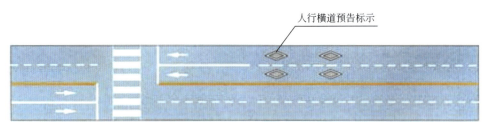

人行横道预告标示

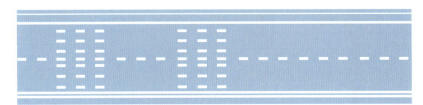

车距确认线(m)

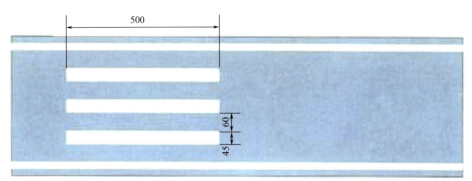

车距确认线尺寸(cm)

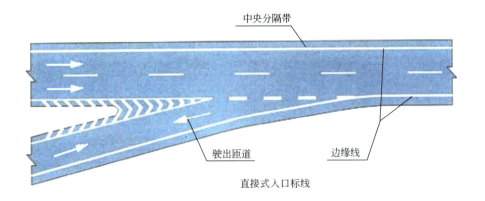

直接式入口标线

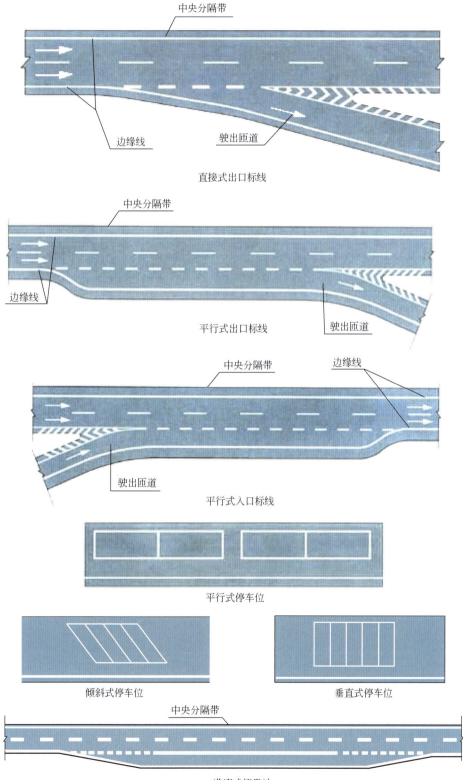

图4-23

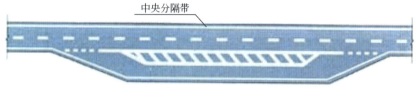
港湾式停靠站

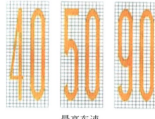
最高车速

计算行车速度在 60～80km/h 时的导向箭头
及行车速度≥100km/h 的导向箭头

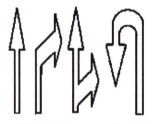
计算行车速度≤40km/h 导向箭头

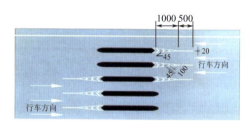
收费岛地面标线

小型车　　　　　大型车　　　　　超车道

图 4-23　指示标线

中心黄色双实线

中心黄色虚实线

三车道标线

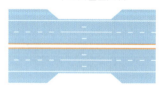
禁止变换车道线

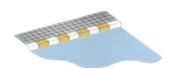
禁止路边长时间停放车辆线

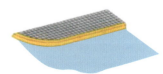
禁止路边临时或长时间停放车辆线

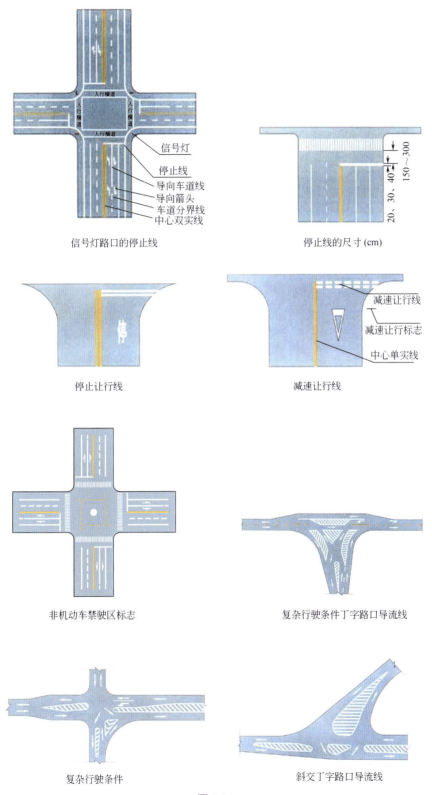

图 4-24

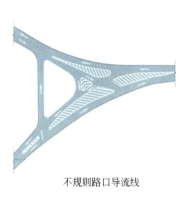
不规则路口导流线

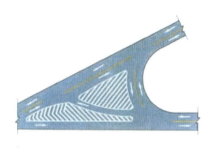
Y形路口导流线

支路口主干道相交路口导流线

简化网状线

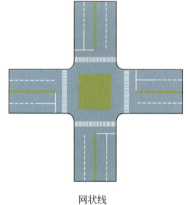
网状线

中心圈(a)

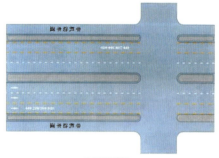
专用车道线

中心圈(b)

图4-24　禁止标线

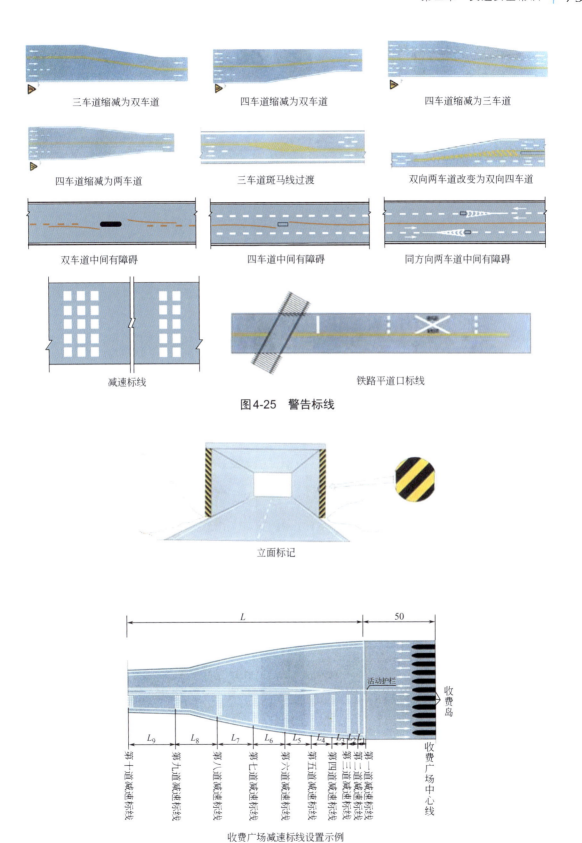

图4-25 警告标线

图4-26 其他标志

四、道路施工安全设施设置示例

道路因施工、养护或其他情况致交通受阻，应根据道路交通的实际需要设置施工标志、路栏、锥形交通路标等安全设施，夜间应有反光或施工警告灯号，必要时应使用信号或派旗手管制交通。设置示例如图4-27所示。

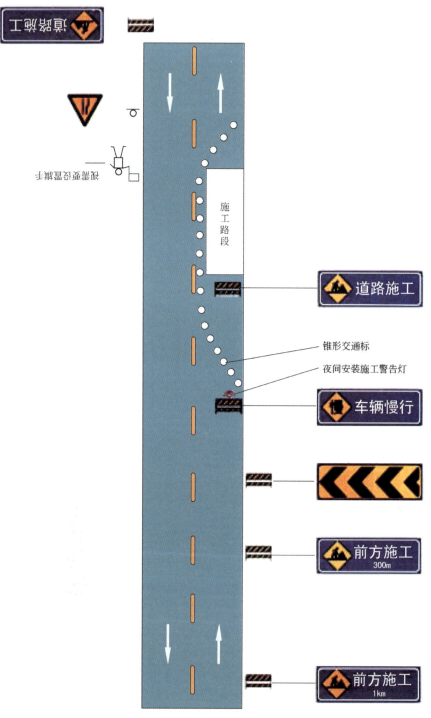

(a) 双车道路面局部施工时设施布设例

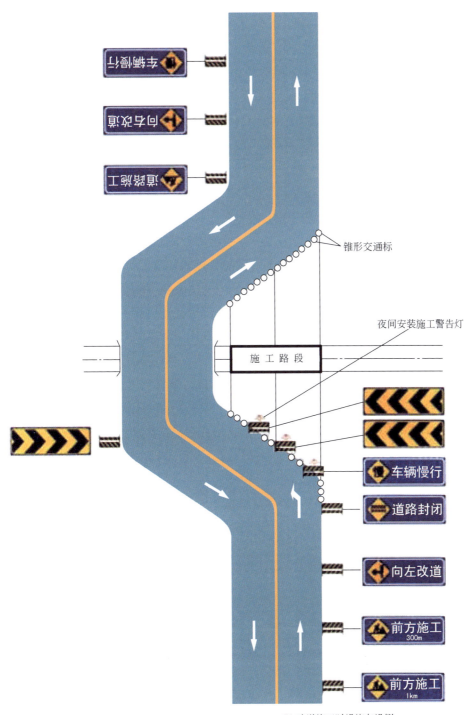

(b) 改道施工时设施布设例

图4-27 道路施工安全设施设置示例

五、交通警察的指挥

交通警察的指挥是一种特殊的交通信号，也是一种动态的、灵活的交通引导方式，它可以根据道路交通实际情况，灵活地引导、指挥交通，保障道路交通安全、畅通。比如当有重大体育或文艺活动举办（如奥运会期间）、道路上正进行某项群众性活动（如长跑、火炬传递等）、国家领导人乘坐的车辆正通过道路，特别是当遇到交通信号灯因故短时间内不能正常使用时，交通警察的指挥尤为重要。交通警察的指挥是道路交通信号的一种，但又与交通信号灯、交通标志和交通标线等交通信号设施有区别。交通警察的指挥具有优先其他交通信号得以适用的特点。也就是说，在有交通警察现场指挥道路交通的情况下，车辆和行人应当遵照交通警察的现场指挥通行。

交通警察指挥的手势信号原来一共有11种，从2007年10月1日起，新的交通警察手势信号开始在全国施行。新的交通警察手势信号，由原来的11种减少到8种：即停止信号、直行信号、左转弯信号、左转弯待转信号、右转弯信号、变道缓行信号、减速慢行信号、示意车辆靠边停车信号。将很少用、重复的两种停车信号、两种直行信号分别合并成一种停车信号、一种直行信号，取消"左大转弯信号"，保留了使用频率高、交通参与者熟悉并了解的手势信号。

新的交通警察手势信号增强了指挥的实用性，提高了交通警察的指挥效能，有利于保障道路交通的安全畅通，有利于树立交通警察良好的执勤执法形象。新的交通警察手势信号简化了"直行信号"、"左转辅助信号"、"左转弯待转信号"、"减速慢行信号"中交通警察的头部动作，简化了原"前车避让后车信号"的动作，并将其修改为"变道信号"，使手势信号更加简洁明了，提高指挥效能。施行新修订的交通警察手势信号还对使用指挥棒指挥提出了明确的要求，规定交通警察在夜间及雨、雪、雾等光线较暗或者照明条件较差等天气条件下执勤时，可以用右手持指挥棒按照手势信号指挥交通，明确了指挥棒指挥交通的法律效能。

现将新的交通警察手势信号图解如下。

（1）停止信号　左臂由前向上直伸，手掌向前，目光平视前方。示意不准前方车辆通行，但已越过停止线的车辆，可继续通行，如图4-28所示。

(a)   (b)

图4-28　停止信号

(2)直行信号　左臂向左平伸与身体成90°，手掌向前，面部及目光同时向左转45°；右臂向右平伸与身体成90°，手掌向前，面部及目光同时向右转45°；右臂水平向左摆动，与身体成90°，小臂弯曲至与大臂成90°，小臂与前胸平行，面部及目光向左转45°；右臂重复摆动。示意准许左右两方直行的车辆通行。各方右转弯的车辆在不妨碍被放行车辆通行的情况下，可以通行，如图4-29所示。

图4-29　直行信号

(3)左转弯信号　右臂向前平伸与身体成90°，面目及目光向左方转45°，手掌向前，左臂与手掌平直向左前方摆动，手臂与身体成45°。左臂重复摆动。示意准许车辆左转弯，在不妨碍被放行车辆通行的情况下可以掉头。如图4-30所示。

(4)左转弯待转信号　左臂向左平伸与身体成45°，掌心向下，面部及目光同时转向左方45°，如图4-31(a)所示；左臂与手掌平直向下方摆动，手臂与身体成15°，如图4-31(b)所示，面部及目光保持目视左方45°，完成第一次摆动。重复动作(a)、(b)完成第二次摆动。示意准许左方左转弯车辆进入路口，沿左转弯行驶方向靠近路口中心，等待左转弯信号。如图4-31所示。

图4-30　左转弯信号

图4-31　左转弯待转信号

（5）右转弯信号　左臂向前平伸与身体成90°，面目及目光向右方转45°，手掌向前，右臂与手掌平直向右前方摆动，手臂与身体成45°。右臂重复摆动。示意准许右方的车辆右转弯。如图4-32所示。

（6）变道信号　面向来车方向，右臂向前平直与身体成90°，掌心向左，面部及目光平视前方；右臂向左水平摆动与身体成45°，完成第一次摆动。重复摆动。示意车辆变道，减速慢行。如图4-33所示。

（7）减速慢行信号　右臂向右前方平伸，与肩平行，与身体成135°，掌心向下，面部及目光同时转向右方45°；右臂与手掌平直向下摆动，手臂与身体成45°，完成第一次摆动。重复摆动。示意车辆减速慢行。如图4-34所示。

（8）示意车辆靠边停车信号　面向来车方向，左臂由前向上直伸，与身体成135°，掌心向前，右臂向左水平摆动与身体成45°，完成第一次摆动。重复摆动。示意车靠边停车。如图4-35所示。

第四章　交通安全常识

(a)

(b)

图4-32　右转弯信号

(a)

(b)

图4-33　变道信号

(a)

(b)

图4-34　减速慢行信号

(a)   (b)

图 4-35　示意车辆靠边停车信号

第三节　道路通行规定

一、一般规定

1. 右侧通行规定

《道路交通安全法》第三十五条规定："机动车、非机动车实行右侧通行。"

所谓右侧通行，是指在道路上行进方向的右侧通行。除有特别规定的车辆，在保证交通安全的原则下不受行驶路线限制的特许之外，所有机动车、非机动车都不准逆行，必须右侧通行。

规定车辆右行或左行，这是道路交通法规必须首先解决和规定的最基本问题。规定靠左或靠右行驶，主要依据各个国家的习惯，世界上有 2/3 的国家规定右侧通行。一般情况下，靠右行驶的车辆，方向盘装置在车的左边；靠左行驶的车辆，方向盘装置在右边。目前我国制造的汽车，不管大型车还是小型车，方向盘均在左侧。这是按我国靠右侧通行的规定设计制造的。

2. 分道通行规定

分道通行是指各种车辆须按交通法规所规定的道路通行，不准随意占用其他道路。《道路交通安全法》第三十六条规定：根据道路条件和通行需要，道路划分为机动车道、非机动车道和人行道的，机动车、非机动车、行人实行分道通行。没有划分机动车道、非机动车道和人行道的，机动车在道路中间通行，非机动车和行人在道路两侧通行。

（1）机动车道通行规定　《实施条例》对机动车道的通行规定如下：

在道路同方向划有 2 条以上机动车道的，左侧为快速车道右侧为慢速车道。在快速车道行驶的机动车应当按照快速车道规定的速度行驶，未达到快速车道规定的行驶速度的，应当在慢速车道行驶。摩托车应当在最右侧车道行驶。有交通标志标明行驶速度的,按照标明的行驶速度行驶。慢速车道内的机动车超越前车时,可以借用快速车道行驶。

在道路同方向划有2条以上机动车道的,变更车道的机动车不得影响相关车道内行驶的机动车的正常行驶。

(2)专用车道通行规定 所谓专用车道,是指在道路范围内,用交通标志、交通标线施划的,或者其他交通设施分隔出来的,专门供某类车辆通行而其他任何非准许在本车道内通行的车辆不得进入该车道内行驶的车道。

《道路交通安全法》第三十七条规定:道路划设专用车道的,在专用车道内,只准许规定的车辆通行,其他车辆不得进入专用车道内行驶。

在道路上施划专用车道,为某类车辆提供专门车道通行,这是大多数国家和地区为缓解交通压力,提高交通通行效率的成功经验和通常做法。如奥运会期间,北京划出了奥运专用车道。目前,国内许多城市道路施划的专用车道基本上都是公交专用车道。根据规定,公交专用车道只准许公交车辆按规定时间、路线依次行驶,其他机动车禁止通行;在路口,其他车辆需要穿行公交专用车道转弯时,在不影响公交车辆行驶的情况下,可以在30m内借道转弯。

3. 按照交通指挥信号通行的规定

交通指挥信号是规范、引导交通的重要交通设施,是城市交通管理的重要手段,是通过一定的形式和特定的内容,向车辆和行人发出能否通行或如何通行的信息标志,使车辆和行人有秩序地、顺利地通过平交路口,对保障交通安全与畅通,提高现有道路的交通流量有着重要作用。

《道路交通安全法》第三十八条规定:车辆、行人应当按照交通信号通行;遇有交通警察现场指挥时,应当按照交通警察的指挥通行;在没有交通信号的道路上,应当在确保安全、畅通的原则下通行。

二、机动车通行规定

1. 行驶速度规定

行驶速度是指机动车在单位时间内所运行的路程。行驶速度不仅是测量车辆在道路上行驶快慢的指标,也是检验车辆在行驶过程中的技术性能、发动机功率利用率、节油、节胎、减少机件磨损、延长车辆使用寿命及安全行车的重要技术指标。

《道路交通安全法》第四十二条规定:机动车上道路行驶,不得超过限速标志标明的最高时速。在没有限速标志的路段,应当保持安全车速。

夜间行驶或者在容易发生危险的路段行驶,以及遇有沙尘、冰雹、雨、雪、雾、结冰等气象条件时,应当降低行驶速度。

《实施条例》对在不同道路条件下最高行驶速度的具体规定是:

(1)没有道路中心线的道路,城市道路为30km/h,公路为40km/h;

（2）同方向只有1条机动车道的道路，城市道路为50km/h，公路为70km/h。

机动车行驶中遇有下列情形之一的，最高行驶速度不得超过30km/h，其中拖拉机、电瓶车、轮式专用机械车不得超过15km/h：

（1）进出非机动车道，通过铁路道口、急弯路、窄路、窄桥时；

（2）掉头、转弯、下陡坡时；

（3）遇雾、雨、雪、沙尘、冰雹，能见度在50m以内时；

（4）在冰雪、泥泞的道路上行驶时；

（5）牵引发生故障的机动车时。

《实施条例》还规定：在单位院内、居民居住区内，机动车应当低速行驶，避让行人；有限速标志的，按照限速标志行驶。

2. 行驶车间距离与超车规定

车辆在行驶中，若遇有情况采取制动时，由于车辆的行驶惯性和驾驶人的操纵反应时间，车辆必然有一段制动距离。因此，为防止追尾事故发生，在同一车道同向行驶的车辆之间必须保持相应的车间距离，这一距离称为安全距离。

《道路交通安全法》第四十三条规定：同车道行驶的机动车，后车应当与前车保持足以采取紧急制动措施的安全距离。有下列情形之一的，不得超车：

（1）前车正在左转弯、掉头、超车的；

（2）与对面来车有会车可能的；

（3）前车为执行紧急任务的警车、消防车、救护车、工程救险车的；

（4）行经铁路道口、交叉路口、窄桥、弯道、陡坡、隧道、人行横道、市区交通流量大的路段等没有超车条件的。

《实施条例》第四十七条规定：机动车超车时，应当提前开启左转向灯、变换使用远、近光灯或者鸣喇叭。在没有道路中心线或者同方向只有1条机动车道的道路上，前车遇后车发出超车信号时，在条件许可的情况下，应当降低速度、靠右让路。后车应当在确认有充足的安全距离后，从前车的左侧超越，在与被超车辆拉开必要的安全距离后，开启右转向灯，驶回原车道。

安全距离的大小与行驶速度、气候条件及路面情况密切相关。一般来讲车速高、路面滑，安全距离就相应增大。同时，必要的安全距离可扩大驾驶人的视野，提高安全系数。从安全角度来看，车间距离越大越安全，但是距离过长，影响道路通车流量，不利于提高运输效率。

3. 交叉路口的通行规定

"交叉路口"，也称为平面交叉路口，是指两条或两条以上道路在同一平面交汇贯通的部位。平面交叉路口是道路交通线上的咽喉和枢纽，是各种车辆变换方向的地点和交通流的集散地。车辆在通过交叉路口时，容易发生交通堵塞和交通事故。

《道路交通安全法》第四十四条规定：机动车通过交叉路口，应当按照交通信号灯、交通标志、交通标线或者交通警察的指挥通过；通过没有交通信号灯、交通标志、交通标线或者交通警察指挥的交叉路口时，应当减速慢行，并让行人和优先通行的车辆先行。

《实施条例》第五十一条规定，机动车通过有交通信号灯控制的交叉路口，应当按照下列规定通行：

（1）在划有导向车道的路口，按所需行进方向驶入导向车道；

（2）准备进入环形路口的让已在路口内的机动车先行；

（3）向左转弯时，靠路口中心点左侧转弯，转弯时开启转向灯，夜间行驶开启近光灯；

（4）遇放行信号时，依次通过；

（5）遇停止信号时，依次停在停止线以外，没有停止线的，停在路口以外；

（6）向右转弯遇有同车道前车正在等候放行信号时，依次停车等候；

（7）在没有方向指示信号灯的交叉路口，转弯的机动车让直行的车辆、行人先行，相对方向行驶的右转弯机动车让左转弯车辆先行。

《实施条例》第五十二条又明确规定，机动车通过没有交通信号灯控制也没有交通警察指挥的交叉路口，除应当遵守上述第五十一条第（1）项、第（2）项的规定外，还应当遵守下列规定：

（1）有交通标志、标线控制的，让优先通行的一方先行；

（2）没有交通标志、标线控制的，在进入路口前停车瞭望，让右方道路的来车先行；

（3）转弯的机动车让直行的车辆先行；

（4）相对方向行驶的右转弯的机动车让左转弯的车辆先行。

《实施条例》第五十三条对在交叉路口停车等候规定如下：

（1）机动车遇有前方交叉路口交通阻塞时，应当依次停在路口以外等候，不得进入路口；

（2）机动车在遇有前方机动车停车排队等候或者缓慢行驶时，应当依次排队，不得从前车辆两侧穿插或者超越行驶，不得在人行横道、网状线区域内停车等候；

（3）机动车在车道减少的路口、路段，遇有前方机动车停车排队等候或者缓慢行驶的，应当每车道一辆依次交替驶入车道减少后的路口、路段。

4. 铁路道口通行规定

铁路道口是车辆、行人与火车交叉的地点，一旦发生事故，后果严重。

《道路交通安全法》第四十六条规定：机动车通过铁路道口时，应当按照交通信号或者管理人员的指挥通行；没有交通信号或者管理人员的，应当减速或者停车，在确认安全后通过。

《实施条例》第四十三条对铁路道口的交通信号规定：道路与铁路平面交叉道口有两个红灯交替闪烁或者一个红灯亮时，表示禁止车辆、行人通行；红灯熄灭时，表示允许车辆、行人通行。

5. 人行横道通行规定

"人行横道"是指横划在车行道上专供行人横过车行道的通道，一般设置于十字路口处或行人通行频率较高的路段上。道路上设置人行横道，可避免行人随处乱穿道路，对保证机动车辆正常行驶和保护行人安全具有重要作用。

《道路交通安全法》第四十七条规定：机动车行经人行横道时，应当减速行驶；遇行人在通过人行横道，应当停车让行。机动车行经没有交通信号的道路时，遇行人横过道路，应当避让。

6．会车规定

《实施条例》第四十八条规定，在没有中心隔离设施或者没有中心线的道路上，机动车遇相对方向来车时应当遵守下列规定：

（1）减速靠右行驶，并与其他车辆、行人保持必要的安全距离；

（2）在有障碍的路段，无障碍的一方先行；但有障碍的一方已驶入障碍路段而无障碍的一方未驶入时，有障碍的一方先行；

（3）在狭窄的坡路，上坡的一方先行；但下坡的一方已行至中途而上坡的一方未上坡时，下坡的一方先行；

（4）在狭窄的山路，不靠山体的一方先行；

（5）夜间会车应当在距相对方向来车150m以外改用近光灯，在窄路、窄桥与非机动车会车时应当使用近光灯。

7．掉头规定

《实施条例》第四十九条规定：机动车在有禁止掉头或者禁止左转弯标志、标线的地点以及在铁路道口、人行横道、桥梁、急弯、陡坡、隧道或者容易发生危险的路段，不得掉头。

机动车在没有禁止掉头或者没有禁止左转弯标志、标线的地点可以掉头，但不得妨碍正常行驶的其他车辆和行人的通行。

8．倒车规定

《实施条例》第五十条规定：机动车倒车时，应当察明车后情况，确认安全后倒车。不得在铁路道口、交叉路口、单行路、桥梁、急弯、陡坡或者隧道中倒车。

9．停车规定

（1）临时停车规定　《实施条例》第六十三条对机动车在道路上临时停车规定如下：

① 在设有禁停标志、标线的路段，在机动车道与非机动车道、人行道之间设有隔离设施的路段以及人行横道、施工地段，不得停车；

② 交叉路口、铁路道口、急弯路、宽度不足4m的窄路、桥梁、陡坡、隧道以及距离上述地点50m以内的路段，不得停车；

③ 公共汽车站、急救站、加油站、消防栓或者消防队（站）门前以及距离上述地点30m以内的路段，除使用上述设施的以外，不得停车；

④ 车辆停稳前不得开车门和上下人员，开关车门不得妨碍其他车辆和行人通行；

⑤ 路边停车应当紧靠道路右侧，机动车驾驶人不得离车，上人员或者装卸物品后，立即驶离；

⑥ 城市公共汽车不得在站点以外的路段停车上下乘客。

（2）故障车停车规定 《道路交通安全法》第五十二条规定：机动车在道路上发生故障，需要停车排除故障时，驾驶人应当立即开启危险报警闪光灯，将机动车移到不妨碍交通的地方停放；难以移动的，应当持续开启危险报警闪光灯，并在来车方向设置警告标志等措施扩大示警距离，必要时迅速报警。

10．特殊路段通行规定

《实施条例》第六十五条规定：

（1）机动车行经漫水路或者漫水桥时，应当停车察明水情，确认安全后，低速通过；

（2）机动车载运超限物品行经铁路道口的，应当按照当地铁路部门指定的铁路道口、时间通过；

（3）机动车行经渡口，应当服从渡口管理人员指挥，按照指定地点依次待渡，机动车上下渡船时，应当低速慢行。

11．驾车行为规定

《实施条例》第六十二条规定，驾驶机动车不得有下列行为：

（1）在车门、车厢没有关好时行车；

（2）在机动车驾驶室的前后窗范围内悬挂、放置妨碍驾驶人视线的物品；

（3）拨打接听手持电话、观看电视等妨碍安全驾驶的行为；

（4）下陡坡时熄火或者空挡滑行；

（5）向道路上抛撒物品；

（6）驾驶摩托车手离车把或者在车把上悬挂物品；

（7）连续驾驶机动车超过4h未停车休息或者停车休息时间少于20min；

（8）在禁止鸣喇叭的区域或者路段鸣喇叭。

12．灯光与警报装置使用规定

（1）转向灯使用规定 《实施条例》第五十七条规定，机动车应当按照下列规定使用转向灯：

① 向左转弯、向左变更车道、准备超车、驶离停车地点或者掉头时，应当提前开启左转向灯；

② 向右转弯、向右变更车道、超车完毕驶回原车道、靠路边停车时，应当提前开启右转向灯。

（2）照明及危险报警闪光灯使用规定

①《实施条例》第五十八条规定：机动车在夜间没有路灯、照明不良或者遇有雾、雨、雪、浮尘、冰雹等低能见度情况下行驶时，应当开启前照灯、示廓灯和前后位灯，但同方向行驶的后车与前车近距离行驶时，不得使用远光灯。机动车雾天行驶应当开启雾灯和危险报警闪光灯。

②《实施条例》第五十九条规定：机动车在夜间通过急弯、坡路、拱桥、人行横道或者

没有通信号灯控制的路口时，应当交替使用远近光灯示意。

③《实施条例》第六十条规定：机动车在道路上发生故障或者发生交通事故，妨碍交通又难以移动的，应当按照规定开启危险报警闪光灯并在车后 50～100m 处设置警告标志，夜间还应当同时开启示廓灯和后尾灯。

（3）警报器及标志灯具使用规定　《道路交通安全法》第五十三条规定：警车、消防车、救护车、工程救险车执行紧急任务时，可以使用警报器、标志灯具；在确保安全的前提下不受行驶路线、行驶方向、行驶速度和信号灯的限制，其他车辆和行人应当让行。警车、消防车、救护车、工程救险车非执行紧急任务时，不得使用警报器、标志灯具，不享有前款规定的道路优先通行权。

《实施条例》第六十六条规定：警车、消防车、救护车、工程救险车执行紧急任务遇交通受阻时，可以断续使用警报器，并遵守下列规定：

① 不得在禁止使用警报器的区域或者路段使用警报器；
② 夜间在市区不得使用警报器；
③ 列队行驶时，前车已经使用警报器的，后车不再使用警报器。

13．其他规定

《道路交通安全法》第五十四条规定：

（1）道路养护车辆、工程作业车进行作业时，在不影响过往车辆通行的前提下，其行驶路线和方向不受交通标志、标线限制，过往车辆和人员应当注意避让；

（2）洒水车、清扫车等机动车应当按照安全作业标准作业；在不影响其他车辆通行的情况下，可以不受车辆分道行驶的限制，但是不得逆向行驶。

三、高速公路通行规定

1．进入规定

（1）行人、非机动车、拖拉机、轮式专用机械车、铰接式客车、全挂拖斗车以及其他设计最高时速低于 70km/h 的机动车，不得进入高速公路。

（2）实习驾驶人不准驾驶车辆进入高速公路。

（3）进入高速公路的车辆应当配备故障车警告标志牌。驾驶人和前排乘车人必须系安全带。

2．乘载规定

（1）机动车行驶中，乘车人不准站立；货运机动车除驾驶室和车厢经核准设有的固定座位外，其他任何部位不准载人。二轮摩托车在高速公路上行驶时不准载人。

（2）机动车载运危险物品或载物长度和宽度超出车厢，高度超过《实施条例》规定的必须经公安机关交通管理部门批准后，按指定路线、时间、车道、速度行驶，并须悬挂明显标志。

3．车道规定

高速公路按行驶方向左侧算起，第一条车道为超车道，第二、第三条和其他车道均为行车道。机动车应当在行车道上行驶。

4. 限速规定

《实施条例》第七十八条规定：

（1）高速公路应当标明车道的行驶速度，最高车速不得超过120km/h，最低车速不得低于60km/h；

（2）在高速公路上行驶的小型载客汽车最高车速不得超过120km/h，其他机动车不得超过100km/h，摩托车不得超过80km/h；

（3）同方向有2条车道的，左侧车道的最低车速为100km/h；同方向有3条以上车道的，最左侧车道的最低车速为110km/h，中间车道的最低车速为90km/h。

道路限速标志标明的车速与上述车道行驶车速的规定不一致的，按照道路限速标志标明的车速行驶。

5. 驶入与驶离规定

《实施条例》第七十九条规定：机动车从匝道驶入高速公路，应当开启左转向灯，在不妨碍已在高速公路内的机动车正常行驶的情况下驶入车道。机动车驶离高速公路时，应当开启右转向灯，驶入减速车道，降低车速后驶离。

6. 车距规定

《实施条例》第八十条规定，机动车在高速公路上行驶，车速超过100km/h时，应当与同车道前车保持100m以上的距离，车速低于100km/h时，与同车道前车距离可以适当缩短，但最小距离不得少于50m。

7. 不良气候条件下通行规定

《实施条例》第八十一条规定，机动车在高速公路上行驶，遇有雾、雨、雪、沙尘、冰雹等低能见度气象条件时，应当遵守下列规定：

（1）能见度小于200m时，开启雾灯、近光灯、示廓灯和前后位灯，车速不得超过60km/h，与同车道前车保持100m以上的距离；

（2）能见度小于100m时，开启雾灯、近光灯、示廓灯、前后位灯和危险报警闪光灯，车速不得超过40km/h，与同车道前车保持50m以上的距离；

（3）能见度小于50m时，开启防雾灯、近光灯、示廓灯、前后位灯和危险报警闪光灯，车速不得超过20km/h，并从最近的出口尽快驶离高速公路。

遇有前款规定情形时，高速公路管理部门应当通过显示屏等方式发布速度限制、保持车距等提示信息。

8. 禁止行为规定

《实施条例》第八十二条规定：机动车在高速公路上行驶，不得有下列行为：

（1）倒车、逆行、穿越中央分隔带掉头或者在车道内停车；

（2）在匝道、加速车道或者减速车道上超车；

（3）骑、轧车行道分界线或者在路肩上行驶；

（4）非紧急情况时在应急车道行驶或者停车；

（5）试车或者学习驾驶机动车。

《高速公路交通管理办法》中还规定：机动车行驶中需要超越前车或者变更车道时，必须提前开启转向灯，夜间还须变换使用远、近光灯，确认与要进入的车道前方车辆以及后方来车均有足够的行车间距后，再驶入需要进入的车道。超车时只允许使用相邻的车道超车后，应当立即驶回行车道。

9. 车辆发生故障的处置规定

《道路交通安全法》第六十八条规定：机动车在高速道路上发生故障时，驾驶人应当立即开启危险报警闪光灯，将机动车移至不妨碍交通的地方停放；难以移动的应当持续开启危险报警闪光灯，并在来车方向设置警告标志等措施扩大示警距离；警告标志应当设置在故障车来车方向150m以外，车上人员应当迅速转移到右侧路肩上或者应急车道内，并且迅速报警。

机动车在高速公路上发生故障或者交通事故，无法正常行驶的，应当由救援车、清障车拖曳、牵引。

第四节　车辆装载与牵引规定

一、车辆载人规定

车辆必须按照规定载人，不能超载，不能违章载人。

《道路交通安全法》第四十九条规定：机动车载人不得超过核定的人数，客运机动车不得违反规定载货。"核定的人数"，是指经车辆管理部门对机动车进行检验后，车辆行驶证所核实的机动车载人数。

《道路交通安全法》第五十条规定：禁止货运机动车载客。货运机动车需要附载作业人员的，应当设置保护作业人员的安全措施。

《实施条例》第五十五条对机动车载人做了以下规定：

（1）公路载客汽车不得超过核定的载客人数，但按照规定免票的儿童除外，在载客人数已满的情况下，按照规定免票的儿童不得超过核定载客人数的10%；

（2）载货汽车车厢不得载客，在城市道路上，货运机动车在留有安全位置的情况下，车厢内可以附载临时作业人员1人至5人；载物高度超过车厢栏板时，货物上不得载人；

（3）摩托车后座不得乘坐未满12周岁的未成年人，轻便摩托车不得载人。

《道路交通安全法》第五十一条规定：机动车行驶时，驾驶人、乘坐人员应当按规定使用安全带，摩托车驾驶人及乘坐人员应当按规定戴安全头盔。

安全带是指在车辆行驶过程中将车上人员固定系在座位上，防止其因车辆颠簸、转弯、制动甚至发生撞击、侧翻、颠覆等意外时与车内其他人员、物品相撞或者被甩出车身的一种安全防护装置。使用安全带可以减少和避免汽车发生事故时给驾驶人和乘客带来的伤害。

公安部发布的《关于驾驶和乘坐小型客车必须使用安全带的通告》具体规定：

（1）乘坐人员在20人以下、车长在6m以下的小型客车，都必须在车辆前排座位装备安全带；

（2）所有小型客车在行驶时，驾驶人和前排座乘车人必须使用安全带，违者将受到警告或罚款处罚；

（3）对于没有装备安全带的车辆，公安机关不予核发牌证或者不准在道路上行驶。

二、车辆载物规定

《道路交通安全法》第四十八条规定：机动车载物应当符合核定的载重量，严禁超载；载物的长、宽、高不得违反装载要求，不得遗洒、飘散载运物。

1. 载重量规定

载重量是指车辆除本身整备质量外的最大限度的装载货物的质量。《实施条例》对车辆超载又具体规定：机动车载物不得超过机动车行驶证上核定的载重量。

2. 载物高度规定

《实施条例》第五十四条对机动车载物高度，根据不同车种分别作了如下规定：重型、中型载货汽车，半挂车载物，高度从地面起不得超过4m，载运集装箱的车辆不得超过4.2m；其他载货的机动车载物，高度从地面起不得超过2.5m；摩托车载物，高度从地面起不得超过1.5m；载客汽车除车身外部的行李架和内置的行李箱外，不得载货。载客汽车行李架载货，从车顶起高度不得超过0.5m，从地面起高度不得超过4m。

3. 载物长度和宽度规定

载物超长或超宽严重影响交通安全。为此《实施条例》规定：汽车装载长度、宽度不得超出车厢；摩托车载物长度不得超出车身0.2m，两轮摩托车载物宽度左右各不得超出车把0.15m；三轮摩托车载物宽度不得超过车身。

4. 特殊货物装载规定

特殊货物一般是指运载时体积超过了上述的规定而又不能解体的货物，对于体积超过规定的物品，《道路交通安全法》规定：机动车运载超限的不可解体的物品，影响交通安全的，应当按照公安机关交通管理部门指定的时间、路线、速度行驶，悬挂明显标志。在公路上运载超限的不可解体的物品，并应当依照公路法的规定执行。

5. 易燃易爆危险品载运规定

机动车载运爆炸物品、易燃易爆化学物品以及剧毒、放射性等危险物品，应当经公安机关批准后，按指定的时间、路线、速度行驶，悬挂警示标志并采取必要的安全措施。

三、车辆牵引规定

1. 车辆牵引挂车规定

牵引挂车是指有动力的车辆牵引其他无动力的车辆。车辆拖带挂车后车体增长，载重量增加，使驾驶操作难度加大。因此《实施条例》规定：

（1）载货汽车、半挂牵引车、拖拉机只允许牵引1辆挂车，挂车的灯光信号、制动、连接、安全防护等装置应当符合国家标准；

（2）小型载客汽车只允许牵引旅居挂车或者总质量700kg以下的挂车，挂车不得载人；

（3）载货汽车所牵引挂车的载重量不得超过载货汽车本身的载重量。

大型、中型载客汽车，低速载货汽车，三轮汽车以及其他机动车不得牵引挂车。

2．牵引故障机动车规定

牵引故障机动车是指有动力的前车牵引因故障暂时失去动力的后车。《实施条例》规定：

（1）被牵引的机动车除驾驶人外不得载人，不得拖带挂车；

（2）被牵引的机动车宽度不得大于牵引机动车的宽度；

（3）使用软连接牵引装置时，牵引车与被牵引车之间的距离应当大于4m、小于10m；

（4）对制动失效的被牵引车，应当使用硬连接牵引装置牵引；

（5）牵引车和被牵引车均应当开启危险报警闪光灯。

汽车吊车和轮式专用机械车不得牵引车辆。摩托车不得牵引车辆后者被其他车辆牵引。转向或者照明、信号装置失效的故障机动车，应当使用专用清障车拖曳。

第五节　交通事故处理规定

《道路交通安全法》第一百一十九条对交通事故定义为："交通事故"，指车辆在道路上因过错或者意外造成的人身伤亡或者财产损失的事件。这里的"道路"，是指公路、城市道路和虽在单位管辖范围但允许社会机动车通行的地方，包括广场、公共停车场等用于公众通行的场所。"车辆"，是指机动车和非机动车。

一、交通事故的分类

交通事故通常划分为轻微事故、一般事故、重大事故和特大事故四类。

（1）轻微事故　指一次交通事故造成轻伤1~2人；或者财产损失机动车事故不足1000元，非机动车事故不足200元的事故。

（2）一般事故　指一次交通事故造成重伤1~2人；或轻伤3人及3人以上；或直接经济损失，机动车事故1千元以上，不足3万元的。

（3）重大事故　指一次交通事故造成死亡1~2人；或重伤3人以上10人以下；或直接经济损失折款3万元以上，不足6万元的。

（4）特大事故　指一次交通事故造成死亡3人或3人以上；或重伤11人以上；或死亡1人，同时重伤8人及8人以上；或死亡2人，同时重伤5人及5人以上；或直接经济损失折款6万元以上的事故。

二、现场处理规定

《道路交通安全法》第七十条规定：在道路上发生交通事故，车辆驾驶人应当立即停车，保护现场；造成人身伤亡的，车辆驾驶人应当立即抢救受伤人员，并迅速报告执勤的交通警察或者公安机关交通管理部门。因抢救受伤人员变动现场的，应当标明位置。乘车人、过往车辆驾驶人、过往行人应当予以协助。

在道路上发生交通事故，未造成人身伤亡，当事人对事实及成因无争议的，可以即行撤离现场，恢复交通，自行协商处理损害赔偿事宜；不即行撤离现场的，应当迅速报告执勤的交通警察或者公安机关交通管理部门。

在道路上发生交通事故，仅造成轻微财产损失，并且基本事实清楚的，当事人应当先撤离现场再进行协商处理。

新交通事故处理程序规定：对应当自行撤离现场而未撤离的，交通警察应当责令当事人撤离现场；造成交通堵塞的，对驾驶人处以200元罚款；驾驶人有其他道路交通安全违法行为的，依法一并处罚。

三、责任划分

交通事故责任分为次要责任、同等责任、主要责任和全部责任4种：

1．次要责任
造成事故的各方，违反道路交通安全法规的情节次要者负次要责任。

2．同等责任
造成事故的各方，违反道路交通安全法规的情节相同，各方负同等责任。

3．主要责任
主要由一方违反道路交通安全法规，另一方或第三者也有某些违反道路交通安全法规行为所造成的事故，由主要违法者负主要责任，另一方或第三者负次要责任。

4．全部责任
完全因一方违反道路交通安全法造成的事故，由该违反道路交通安全法规行为人负全部责任，另一方或他方无责任。

《实施条例》第九十二条规定：发生交通事故后当事人逃逸的，逃逸的当事人承担全部责任。但是，有证据证明对方当事人也有过错的，可以减轻责任。当事人故意破坏、伪造现场、毁灭证据的，承担全部责任。

对于交通肇事情节比较严重，构成交通肇事罪的，还要依法追究刑事责任。根据《最高人民法院最高人民检察院关于严格依法处理道路交通肇事案件的通知》，对于构成交通肇事罪，应负事故主要或全部责任的肇事者，要追究刑事责任。

《中华人民共和国刑法》一百三十三条规定：违反交通运输管理法规，因而发生重大事故，致人重伤、死亡或者使公私财产遭受重大损失的，处三年以下有期徒刑或者拘役；交通运输肇事后逃逸或者有其他特别恶劣情节的，处三年以上七年以下有期徒刑；因逃逸致人死亡的，处七年以上有期徒刑。

四、赔偿规定

《道路交通安全法》第七十六条规定：机动车发生交通事故造成人身伤亡、财产损失的，由保险公司在机动车第三者责任强制保险责任限额范围内予以赔偿；不足的部分，按照下列规定承担赔偿责任。

（1）机动车之间发生交通事故的，由有过错的一方承担赔偿责任；双方都有过错的，按照各自过错的比例分担责任；

（2）机动车与非机动车驾驶人、行人之间发生交通事故，非机动车驾驶人、行人没有过错的，由机动车一方承担赔偿责任；有证据证明非机动车驾驶人、行人有过错的，根据过错程度适当减轻机动车一方的赔偿责任；机动车一方没有过错的，承担不超过百分之十的赔偿责任；

（3）交通事故的损失是由非机动车驾驶人、行人故意碰撞机动车造成的，机动车一方不承担赔偿责任。

五、调解规定

《道路交通安全法》第七十四条规定：对交通事故损害赔偿的争议，当事人可以请求公安机关交通管理部门调解，也可以直接向人民法院提起民事诉讼。

经公安机关交通管理部门调解，当事人未达成协议或者调解书生效后不履行的，当事人可以向人民法院提起民事诉讼。

《实施条例》对交通事故调节又作了具体规定。

《实施条例》第九十四条规定：当事人对交通事故损害赔偿有争议，各方当事人一致请求公安机关交通管理部门调解的，应当在收到交通事故认定书之日起10日内提出书面调解申请。

对交通事故致死的，调解从办理丧葬事宜结束之日起开始；对交通事故致伤的，调解从治疗终结或者定残之日起开始；对交通事故造成财产损失的，调解从确定损失之日起开始。

《实施条例》第九十五条规定：公安机关交通管理部门调解交通事故损害赔偿争议的期限为10日。调解达成协议的，公安机关交通管理部门应当制作调解书送交各方当事人，调解书经各方当事人共同签字后生效；调解未达成协议的，公安机关交通管理部门应当制作调解终结书送交各方当事人。

《实施条例》第九十六条规定：对交通事故损害赔偿的争议，当事人向人民法院提起民事诉讼的，公安机关交通管理部门不再受理调解申请。公安机关交通管理部门调解期间，当事人向人民法院提起民事诉讼的，调解终止。

第六节 法律责任

《道路交通安全法》第八十七条规定：公安机关交通管理部门及其交通警察对道路交通安全违法行为，应当及时纠正。

公安机关交通管理部门及其交通警察应当依据事实和本法的有关规定对道路交通安全违法行为予以处罚。对于情节轻微，未影响道路通行的，指出违法行为，给予口头警告后放行。

一、交通安全违法行为的处罚种类

《道路交通安全法》第八十六条规定：对道路交通安全违法行为的处罚种类包括：警告、罚款、暂扣或者吊销机动车驾驶证、拘留。

1. 警告

交通警察对于当场发现的违法行为，认为情节轻微、未影响道路通行和安全的，口头告知其违法行为的基本事实、依据，向违法行为人提出口头警告，纠正违法行为后放行。警告是处罚机关对道路交通违法行为人的告诫，这种行政处罚带有教育性质，又具有强制的性质。警告处罚的作用在于指出违法行为的危害，促使行为人认识违章错误，不致再犯。警告是一种较轻的行政处罚，它一般适用于初犯，同时其违法行为必须具有情节比较轻微、后果极小的条件。

2. 罚款

罚款是一种行政处罚，具有强制性。它的执行必须依据法律、法规的规定，在法定程序和法律规定的具体处罚幅度内执行。对行人、乘车人、非机动车驾驶人处以罚款，交通警察当场收缴的，交通警察应当在简易程序处罚决定书上注明，由被处罚人签名确认。被处罚人拒绝签名的，交通警察应当在处罚决定书上注明。

3. 暂扣或者吊销机动车驾驶证

暂扣或者吊销机动车驾驶证是一种行政处罚。暂扣是在一段时间内取消机动车驾驶人驾驶机动车资格的处罚。吊销机动车驾驶证则是取消了机动车驾驶人驾驶机动车的资格。这一处罚可以单独适用，也可以与其他行政处罚合并适用。

4. 行政拘留

行政拘留是处罚机关对道路交通安全违法行为人短期强制限制人身自由的一种行政处罚。这是对违反道路交通安全法律、法规的行为人，违法情节出较严重、造成严重影响或者严重危害后果的一种处罚。

二、处罚规定

1.《道路交通安全法》第八十九条规定

行人、乘车人、非机动车驾驶人违反道路交通安全法律、法规关于道路通行规定的，处警告或者五元以上五十元以下罚款；非机动车驾驶人拒绝接受罚款处罚的，可以扣留其非机动车。

2.《道路交通安全法》第九十条规定

机动车驾驶人违反道路交通安全法律、法规关于道路通行规定的，处警告或者二十元以上二百元以下罚款。

具体违法行为及其对应的处罚标准可以参照《道路交通安全违法行为处罚标准》。

3.《道路交通安全法》第九十一条规定

饮酒后驾驶机动车的，处暂扣六个月机动车驾驶证，并处一千元以上二千元以下罚款；醉酒驾驶机动车的，由公安机关交通管理部门约束至酒醒，吊销机动车驾驶证，依法追究刑事责任；五年内不得重新取得机动车驾驶证。

饮酒后驾驶营运机动车的，处十五日拘留，并处五千元罚款，吊销机动车驾驶证，五年内不得重新取得机动车驾驶证。醉酒后驾驶营运机动车的，由公安机关交通管理部门约束至酒醒，吊销机动车驾驶证，依法追究刑事责任；十年内不得重新取得机动车驾驶证，重新取得机动车驾驶证后，不得驾驶营运机动车。

饮酒后或者醉酒驾驶机动车发生重大交通事故，构成犯罪的，依法追究刑事责任，并由公安机关交通管理部门吊销机动车驾驶证，终生不得重新取得机动车驾驶证。

4.《道路交通安全法》第九十二条对违反乘载规定的处罚

（1）公路客运车辆载客超过额定乘员的，处二百元以上五百元以下罚款；超过额定乘员百分之二十或者违反规定载货的，处五百元以上二千元以下罚款。

（2）货运机动车超过核定载质量的，处二百元以上五百元以下罚款；超过核定载质量百分之三十或者违反规定载客的，处五百元以上二千元以下罚款。

（3）有前两款行为的，由公安机关交通管理部门扣留机动车至违法状态消除。

（4）运输单位的车辆有本条第一款、第二款规定的情形，经处罚不改的，对直接负责的主管人员处二千元以上五千元以下罚款。

5.《道路交通安全法》第九十三条对违反停放、停车规定的处罚

（1）对违反道路交通安全法律、法规关于机动车停放、临时停车规定的，可以指出违法行为，并予以口头警告，令其立即驶离。

（2）机动车驾驶人不在现场或者虽在现场但拒绝立即驶离，妨碍其他车辆、行人通行的，处二十元以上二百元以下罚款，并可以将该机动车拖移至不妨碍交通的地点或者公安机关交通管理部门指定的地点停放。公安机关交通管理部门拖车不得向当事人收取费用，并应当及时告知当事人停放地点。

（3）因采取不正确的方法拖车造成机动车损坏的，应当依法承担补偿责任。

6.《道路交通安全法》对机动车牌证使用的管理和处罚规定

（1）《道路交通安全法》第九十五条规定：上道路行驶的机动车未悬挂机动车号牌，未放置检验合格标志、保险标志，或者未随车携带行驶证、驾驶证的，公安机关交通管理部应当扣留机动车,通知当事人提供相应的牌证、标志或者补办相应手续,并可以依照第九十条的规定予以处罚。当事人提供相应的牌证、标志或者补办相应手续的,应当及时退还机动车。

故意遮挡、污损或者不按规定安装机动车号牌的,依照处罚规定予以处罚。

(2)《道路交通安全法》第九十六条规定:伪造、变造或者使用伪造、变造的机动车登记证书、号牌、行驶证、驾驶证的,由公安机关交通管理部门予以收缴,扣留该机动车,处十五日以下拘留,并处二千元以上五千元以下罚款;构成犯罪的,依法追究刑事责任。伪造、变造或者使用伪造、变造的检验合格标志、保险标志的,由公安机关交通管理部门予以收缴,扣留该机动车,处十日以下拘留,并处一千元以上三千元以下罚款;构成犯罪的,依法追究刑事责任。

使用其他车辆的机动车登记证书、号牌、行驶证、检验合格标志、保险标志的,由公安机关交通管理部门予以收缴,扣留该机动车,处二千元以上五千元以下罚款。

7.《道路交通安全法》第九十七条规定

非法安装警报器、标志灯具的,由公安机关交通管理部门强制拆除,予以收缴,并处二百元以上二千元以下罚款。

8. 对违反机动车保险规定的处罚

机动车所有人、管理人未按照国家规定投保机动车第三者责任强制保险的,由公安机关交通管理部门扣留车辆至依照规定投保后,并处依照规定投保最低责任限额应缴纳的保险费的二倍罚款。

9.《道路交通安全法》第九十九条规定

有下列行为之一的,由公安机关交通管理部门处二百元以上二千元以下罚款:

(1)未取得机动车驾驶证、机动车驾驶证被吊销或者机动车驾驶证被暂扣期间驾驶机动车的;

(2)将机动车交由未取得机动车驾驶证或者机动车驾驶证被吊销、暂扣的人驾驶的;

(3)造成交通事故后逃逸,尚不构成犯罪的;

(4)机动车行驶超过规定时速百分之五十的;

(5)强迫机动车驾驶人违反道路交通安全法律、法规和机动车安全驾驶要求驾驶机动车,造成交通事故,尚不构成犯罪的;

(6)违反交通管制的规定强行通行,不听劝阻的;

(7)故意损毁、移动、涂改交通设施,造成危害后果,尚不构成犯罪的;

(8)非法拦截、扣留机动车辆,不听劝阻,造成交通严重阻塞或者较大财产损失的;

(9)行为人有第(2)项、第(4)项情形之一的,可以并处吊销机动车驾驶证;有第1)项、第(3)项、第(5)项至第(8)项情形之一的,可以并处十五日以下拘留。

10.《道路交通安全法》第一百条对驾驶拼装或报废机动车的处罚规定

(1)驾驶拼装的机动车或者已达到报废标准的机动车上道路行驶的,公安机关交通管理部门应当予以收缴，强制报废。

（2）对驾驶前款所列机动车上道路行驶的驾驶人，处二百元以上二千元以下罚款，并吊销机动车驾驶证。

（3）出售已达到报废标准的机动车的，没收违法所得，处销售金额等额的罚款，对该机动车依照第（1）项的规定处理。

11.《道路交通安全法》第一百零一条、第一百零二条对发生重大交通事故和造成交通事故后逃逸的处罚规定

（1）违反道路交通安全法律、法规的规定，发生重大交通事故，构成犯罪的，依法追究刑事责任，并由公安机关交通管理部门吊销机动车驾驶证。

（2）造成交通事故后逃逸的，由公安机关交通管理部门吊销机动车驾驶证，且终生不得重新取得机动车驾驶证。

（3）对六个月内发生二次以上特大交通事故负有主要责任或者全部责任的专业运输单位，由公安机关交通管理部门责令消除安全隐患，未消除安全隐患的机动车，禁止上道路行驶。

三、处罚的执行

1．警告和罚款处罚的执行

《道路交通安全法》对警告和罚款处罚的执行作了如下规定：

（1）对道路交通违法行为人予以警告、二百元以下罚款，交通警察可以当场作出行政处罚决定，并出具行政处罚决定书。

（2）行政处罚决定书应当载明当事人的违法事实、行政处罚的依据、处罚内容、时间、地点以及处罚机关名称，并由执法人员签名或者盖章。

（3）当事人应当自收到罚款的行政处罚决定书之日起十五日内，到指定的银行缴纳罚款。

（4）对行人、乘车人和非机动车驾驶人的罚款，当事人无异议的，可以当场予以收缴罚款。

（5）罚款应当开具省、自治区、直辖市财政部门统一制发的罚款一收据；不出具财政部门统一制发的罚款收据的，当事人有权拒绝缴纳罚款。

（6）当事人逾期不履行行政处罚决定的，作出行政处罚决定的行政机关可以采取下列措施：

① 到期不缴纳罚款的，每日按罚款数额的百分之三加处罚款；

② 申请人民法院强制执行。

2．暂扣或者吊销机动车驾驶证处罚的执行

《道路交通安全法》对暂扣或者吊销机动车驾驶证处罚的执行作了如下规定：

（1）执行职务的交通警察认为应当对道路交通违法行为人给予暂扣或者吊销机动车驾驶证处罚的，可以先予扣留机动车驾驶证，并在二十四小时内将案件移交公安机关交通管理部

门处理。

（2）道路交通违法行为人应当在十五日内到公安机关交通管部门接受处理。无正当理由逾期未接受处理的，吊销机动车驾驶证。

（3）公安机关交通管理部门暂扣或者吊销机动车驾驶证的，应当出具行政处罚决定书。

（4）暂扣机动车驾驶证的期限从处罚决定生效之日起计算；处罚决定生效前先予扣留机动车驾驶证的，扣留一日折抵暂扣期限一日。

（5）吊销机动车驾驶证后重新申请领取机动车驾驶证的期限，按照机动车驾驶证管理规定办理。

3．拘留处罚的执行

《道路交通安全法》地一百一十一条规定：对违反本法规定予以拘留的行政处罚，由县、市公安局、公安分局或者相当于县一级的公安机关裁决。

4．扣留机动车、非机动车的处理

《道路交通安全法》地一百一十二条规定：

（1）公安机关交通管理部门扣留机动车、非机动车，应当当场出具凭证，并告知当事人在规定期限内到公安机关交通管理部门接受处理。

（2）公安机关交通管理部门对被扣留的车辆应当妥善保管，不得使用。

（3）逾期不来接受处理，并且经公告三个月仍不来接受处理的，对扣留的车辆依法处理。

此外，《道路交通安全法》地一百一十四条还规定：公安机关交通管理部门根据交通技术监控记录资料，可以对违法的机动车所有人或者管理人依法予以处罚。对能够确定驾驶人的，可以依照本法的规定依法予以处罚。

第七节　伤员急救常识

交通事故发生后，现场急救是否得当，直接关系到伤员的生命安危。因此，每个驾驶员必须了解交通事故的急救知识，掌握必要的事故现场急救技巧。这样才能在紧急情况发生时，做好现场救护工作，以便迅速及时地抢救伤员的生命。

一、现场急救的原则

交通事故的特点是"伤情复杂、严重、复合伤多"。因此，在抢救中一般应本着"先抢言救"、"先重后轻"、"先急后缓"、"先近后远"的顺序，灵活掌握。首先采取止血，保持呼吸道的通畅，抗休克等措施；第二是处理好内脏器官的损伤；第三是处理好骨折；第四是包扎处理一般伤口。

在救援人员没到事故现场之前，要第一时间组织自救。"自救原则"是车祸现场救护、抢救伤员生命的一条宝贵经验，尤其是对发生在偏僻地区的车祸更是显得重要。在车祸现场不能消极等待，要积极采取"自救、互救"措施，充分利用就便器材，以赢得救援时间。

抢救伤员时，应先救命，后治伤。遇重、特大事故有众多伤员需送往医院时，处于昏迷状态的伤员，应首先送往医院，颈椎受伤的伤员应最后送往医院。受伤者在车内无法自行下车时，可设法将其从车内移出，尽量避免二次受伤。遇伤者被压于车轮或货物下时，应设法移动车辆或搬掉货物，根据伤势采取相应的救护方法，切忌拉拽伤者的肢体。

二、现场急救的方法

在急救过程中，遇到不同情况的处理方法如下。

（1）昏迷失去知觉的伤者症状是不会讲话，抢救前应检查伤者呼吸。搬运昏迷或有窒息危险的伤员时，应采用侧卧的方式。

（2）受伤者失血过多，将会出现生命危险，如出现休克等症状。抢救或处理失血伤员的措施首先是通过外部压力，使伤口的流血止住，然后系上绷带。救助失血过多的出现休克伤员时，应采取保暖措施，防止热损耗。

（3）救助全身燃烧的伤员，应采取迅速扑灭衣服上的火焰，向全身燃烧伤员身上喷冷水，脱掉烧着的衣服，用消过毒的绷带包扎烧伤口等措施。用沙土覆盖会造成伤口感染，甚至危及生命。烧伤伤员口渴时，可喝少量的淡盐水。

（4）救助有害气体中毒伤员，应迅速将伤员移到有新鲜空气的地方，以防止继续中毒。

（5）骨折的处理方法：

① 为防止骨折伤员休克，不要移动伤员身体的骨折部位，对无骨端外露骨折伤员的肢体，用夹板或木棍、树枝等固定时应超过伤口上、下关节；

② 伤员大腿、小腿和脊椎骨折时，一般应就地固定，不要随便移动伤者；关节损伤（扭伤，脱臼，骨折）的伤员，应避免活动；

③ 伤员骨折处出血时，应先止血和消毒包扎伤口，然后再固定，伤员四肢骨折有骨外露时，不要还纳，可用敷料包扎。

（6）伤员脊柱可能受损时，不要改变伤员姿势。固定伤处力求稳妥牢固，要固定骨折的两端和上下两个关节。伤员骨折固定后，上肢为屈肘位，下肢呈伸直拉。

三、事故现场伤员的运送

交通事故发生后，搬运和运送伤员是一项重要措施，一般是先进行现场抢救，再转送附近医院。

1. 现场搬运

其主要任务是使伤病员迅速脱离出事地点，转移到安全和便于救治的地方，以进行及时的止血、包扎和固定。现场的搬运方法如下。

（1）单人背、抱搬运法是采用的主要方法之一。背伤病员时，应将其上肢放在搬运者的胸前，搬运者背负伤病员胸腹，并用两手托伤员两大腿。抱伤病员时，搬运者一手抱扶病员腰部，另一手扶托伤病员大腿中部。

（2）双手搬运法比较常用，有坐椅式与抬式搬运法，可用于一般伤员，但不宜用于脊柱损伤伤员等。

（3）救治伤病员时，应了解伤病部位，以便搬运时保持合适的体位，避免加重病情或发生意外。

① 颅脑伤患者宜采用半卧位或侧卧位，保持呼吸道通畅，妥善保护暴露的脑组织，防止或减少震动，可用衣物将患者头部垫好。

② 胸部伤患有呼吸困难宜采用半卧位。

③ 腹部开放性损伤，搬运时，患者应仰卧，下肢屈曲，然后用担架或木板抬送。

④ 脊柱损伤者在搬运时，要注意保护脊髓，以免受损伤或加重损伤。禁止用一人抱胸，另一人抬腿的双人搬抬法，因为这种体位搬运，能加重脊柱压缩和脊髓受压。正确方法可由数人共同进行，使身体平直，用均衡协调的力量抬起或滚动，采用俯卧位放置在木板或担架上。如果采用仰卧位，宜用小枕或衣服加垫于脊椎骨折部位，然后抬送。如为颈部损伤，应稳定头部，适当牵引，数人协调将患者滚动仰卧至木板或担架上，颈下垫小枕，头部两侧用软物固定，避免头部摇动。

⑤ 骨盆部损伤可采用仰卧位于木板或担架上，髋、膝部屈曲，膝下可垫软物，以保护体位。

2．转运伤员

重伤员经现场抢救后，应迅速送医院治疗。

（1）木板或担架抬运法：适用于一般伤情、损伤、情况严重等病例，呼吸困难不太适用。

（2）背、抱转送法：较适应于体重轻、儿童等病例，路短易于完成，需要时可轮流背、抱。转送路程远者，不适用。

（3）推车、三轮车、拖拉机、汽车运送，适用于道路较平坦的地区。

（4）各种船只运送，适用于水网地区。

（5）伤病员转运最好用救护车实施。

3．转送时注意事项

（1）注意观察病情，特别是脉搏、呼吸、神志等改变，开放性伤口应注意出血，必要时需重新包扎处理。

（2）注意保持伤员的特定体位。

（3）颈、胸部的伤情，应维持呼吸道通畅。

（4）注意观察经过固定的肢体，定时检查末梢循环，如出现循环障碍者，应及时处理。

（5）腹部损伤、昏迷、呕吐及估计需要尽快手术治疗者，应禁饮食，一般病例可适量欠水。

本章小结

本章主要介绍了现行的道路交通安全法律、法规，交通信号及其含义，与道路交通相关的各种规定，交通事故伤员急救知识等。重点介绍了《中华人民共和国道路交通安全法》和《中华人民共和国道路交通安全法实施条例》的有关内容。通过本章的学习，应使学生对道路交通安全常识全面了解、掌握，为申办机动车驾驶证和汽车道路驾驶打下基础。

思考题

1. 办理机动车注册登记手续需要提交哪些证明和凭证？
2. 《道路交通安全法》对驾驶人的具体规定有哪些？
3. 《道路交通安全法》对交通事故的现场处理做了哪些规定？
4. 对交通事故现场的伤员进行急救应把握哪些原则？
5. 近几年，我国的道路交通安全法律法规修订的频率较高，这主要是针对我国快速发展的国民经济所带来的道路交通安全领域不断出现的新问题、新情况所做出的有针对性的反映。问：随着我国经济的发展，道路交通安全领域所面临的新问题、新情况有哪些？

第五章

汽车驾驶基本操作技术

学习目标

1. 掌握汽车操纵机构与仪表的使用方法。
2. 掌握汽车基础驾驶方法。
3. 掌握汽车场内道路驾驶方法。
4. 了解汽车场地驾驶技术。

汽车驾驶基本操作技术包括汽车场内和场地驾驶,是汽车驾驶的基本功,驾驶人必须熟练掌握其驾驶方法,以满足特定场合的车辆驾驶需要。

第一节 汽车操纵机构与仪表

一、汽车操纵机构

1. 汽车操纵机构的识别

汽车机件很多,其中与驾驶操作有关的机件主要有以下几种。

(1)外部机件 汽车外部机件主要有发动机盖、行李舱盖、车门、挡风玻璃、刮水器、各种车灯、号牌、保险杠及车轮等,如图 5-1 和图 5-2 所示。

(2)内部机件 汽车驾驶室内主要有操纵机件、操作控制台、座椅及安全带等组成。其中,操纵机件主要有方向盘、离合器踏板、制动踏板、加速踏板、变速杆、驻车制动杆及各种开关等,如图 5-3 所示;操作控制台上除了有各种开关外,主要有仪表及警告灯、指示灯等,如图 5-4 和图 5-5 所示。

2. 汽车操纵机件的功用及使用方法

(1)方向盘 方向盘的功用是操纵汽车行驶方向。

图5-1 汽车外部（前）

1—后视镜；2—前挡风玻璃；3—刮水器；4—前照灯；5—前牌照；
6—前保险杠；7—转向灯；8—车轮；9—车门；10—加油口盖

图5-2 汽车外部（后）

1—后挡风玻璃；2—转向灯；3—后保险杠；
4—后备箱盖；5—制动灯、尾灯；
6—倒车灯；7—后牌照

图5-3 操纵装置

1—离合器踏板；2—制动踏板；3—加速踏板；
4—方向盘；5—变速杆

图5-4 操作控制台

1—出风口；2—灯光开关；3—方向盘；4—音响喇叭；5—发动机舱盖开关；6—调温旋钮；
7—风扇挡位旋钮；8—风向旋钮；9—CD和收音机；10—储物盒；
11—杯架；12—除霜开关；13—危险警报灯开关

图5-5 组合仪表

1—转速表；2—充电指示灯；3—转向指示灯；4—速度表；
5—制动灯；6—燃油表；7—报警灯；8—里程表；9—水温表

大型车辆方向盘的握法：两手分别握稳方向盘边缘左、右两侧，四指由外往内握，拇指在内沿自然伸直靠住盘缘，左手握在时钟9～10时的位置，右手握在时钟3～4时位置。

小型车辆方向盘采用9时15分或10时10分的握法。这样当右手操纵其他机件时，左手仍能自如地进行左或右转向。

操作方向盘的方法主要有推拉法、传递法和交叉法3种。

① 推拉法适用于直线行驶时的方向修正。操作时以左手为主，右手为辅，少打少回，保证直线行驶。

② 传递法适用于一般缓弯。操作时先拉动后回送，右转弯时右手下拉到方向盘下方，左手同时适当下滑至适当位置接替右手向上推动，回方向时动作相反；左转弯时左手下拉到方向盘下方，右手同时适当下滑至适当位置接替左手向上推动，回方向时动作相反。

③ 交叉法用于急转弯或掉头等。以左转弯为例，右手推左手拉，两手交叉时左手松开方向盘，移到右上方接方向盘下拉，右手在下方翻手，继续上推。回方向按相反方向进行。

（2）离合器踏板 离合器踏板的功用是操纵离合器的分离与结合，以控制发动机与传动系动力的接合与分离，便于发动机启动、车辆起步、换挡及停车。

离合器踏板的操作方法：左脚踩在离合器踏板上，以膝关节和踝关节的伸屈做踩下或放松动作。踩离合器踏板要求：脚踩下后不得将脚跟部靠在驾驶室底板上，以提高驾驶各类车型的适应能力；不要长时间使用半联动，这样既增加劳动强度，又加速了离合器片的磨损。

（3）加速踏板 加速踏板的功用是控制节气门的开度或柴油机喷油泵柱塞的有效行程，从而改变发动机的转速和输出功率，以适应运行条件变化的需要。正确地运用加速踏板，可以获得良好的节油效果，并能减少机件的磨损。

加速踏板的操作方法：将右脚跟放在驾驶室底板上作为支点，脚掌轻踩在节气门踏板上，用踝关节伸屈动作踩下或放松踏板。

（4）制动踏板 制动踏板是行车制动器的操纵装置，用于汽车减速和停车。

制动器一般分为气压制动器和液压制动器，其操作方法分别如下。

① 气压制动器的操作方法：操作制动踏板时，应握稳方向盘，将腰紧靠在座位的后背，右脚的跟部靠在驾驶室的底板上，作为活动的支承点，以踝关节的伸屈为主，踩下和放松制动踏板。

② 液压制动器的操作方法：右脚掌平放在踏板上，脚跟离开地板，以膝关节的伸屈踏下或抬起。根据不同情况，使用不同的速度和力量进行制动。除在紧急情况下，一般使用制动时，都应先轻后重再稍回的方法。

（5）驻车制动器操纵杆　驻车制动器操纵杆是驻车制动器的操纵装置，供驻车时制动使用，以免汽车溜动。

货车和大客车上使用的驻车制动器一般都是弹簧储能断气制动器，它的操纵手柄实际上是一个排气阀，制动器工作时必须在气压达到设定压力时才可以压缩储能弹簧解除制动，有利于行车安全，操纵轻便。

轻型车和轿车用驻车制动器又分手动和脚踏两种，手动式驻车制动器分按钮式和齿扣式两种，其操作方法分别如下。

① 按钮式驻车制动操纵杆的操作方法：制动时，将杆体向后拉紧即可；解除制动时，先将杆体向后拉，同时将杆体上的锁止按钮按下，再将杆体向前推送到底。

② 齿扣式驻车制动操纵杆的操作方法：制动时，握住手柄用力向后拉紧即可；解除制动时，先将手柄向右转90°，然后将手柄和拉杆向前推送到底。

脚踏式驻车制动器美国车使用较多，一般位于驾驶位的左脚边。踩下一次即是驻车，再次踩下便弹起，解除驻车。

此外很多高档轿车上也采用电子驻车装置，操纵方式是按钮式。如奥迪A6L等。

（6）手动变速器操纵杆　不同车型的变速器挡位分布略有不同，常见车型的变速器挡位分布基本一样。有些四轮驱动车型和装用副变速器的大型车辆操作比较复杂。

变速器操纵杆的握法：手掌心轻贴住球头，五指向下握住球头的部分杆身。

（7）自动变速器的操纵手柄　如图5-6所示，自动变速器的结构有很多种，其挡位设置也不尽相同。各挡位的名称及使用时机如下。

① P挡位的操作方法：汽车停稳后，按下操纵手柄上的锁止按钮，再将操纵手柄由其他挡位移入P挡。由P挡位移入其他挡位时，必须踩制动踏板，按下锁止按钮即可移如其他挡位。

② R挡位的操作方法：必须将汽车停稳后，发动机怠速时，踩住制动踏板，才可以将操纵手柄移入R挡位。

③ N挡位的操作方法：在汽车静止或车速低于5km/h时，踩下制动踏板，才能将操纵手柄移入N挡位。

④ D挡位的操作方法：车辆正常行驶起步前踩住制动踏板即可将操纵手柄移入D挡位。

⑤ 2挡位的操作方法：在车辆爬长坡时，将操纵手柄移

图5-6　自动变速器操纵手柄

入2挡位。

⑥ L挡位的操作方法：在车辆大负荷、上下陡坡的山路时，将操纵手柄移入L挡位。

二、开关、仪表、报警灯和指示灯

1. 开关

（1）点火开关　点火开关，也称钥匙门、启动开关。主要作用是接通或切断点火系统及电器设备电源、接通部分电器设备电源、启动发动机、锁止方向盘等。图5-7所示为普通轿车的点火开关，不同位置的含义是：LOCK挡是锁止方向盘及插拔钥匙的位置，ACC挡是部分用电器接通位置（如音响及娱乐装置），ON挡是全车用电器通电位置，START挡是启动位置，带有自动回位功能。不同车型的点火开关位置设置略有差别，但是基本功能都是一样的。

（2）车灯总开关　车灯总开关用来开闭汽车的照明用灯，其结构式样有拉钮式、旋转式和按键式等等。拉钮式开关一般为3个挡，将拉钮推到底，远、近灯关闭；拉出1挡，仪表照明灯、示宽灯、近光灯、牌照灯亮；拉出2挡，前照灯、仪表灯、示宽灯、牌照灯亮。旋转式开关一般设有关闭、夜行照明、大灯照明，其中大灯照明的远近光切换一般与转向灯开关组合在一起。按键式开关一般也有3个挡，分别为关闭、夜行照明、大灯照明，大灯照明的远近光切换一般与转向灯开关组合在一起。图5-8所示为与转向灯开关一体的灯光组合开关，现在轿车上普遍应用，其特点是功能齐全、操作方便。

图5-7　点火开关

图5-8　车灯总开关

（3）转向灯开关　转向灯开关用以接通或切断汽车左侧或右侧转向灯和转向指示灯。当汽车转弯时，按转弯方向拨动转向灯开关，车头、车尾及仪表板上的转向指示灯有规律地断续闪光，使其他人员知道此车将改变行驶方向。转向灯开关分三挡，中间为关闭位置，两侧为开启位置。如图5-8所示。

（4）变光开关　变光开关用于变换前照灯的远光和近光，以适应夜间行车时不同道路情况的照明和超会车的需要。常见的变光开关有脚踏式和手控式两种，一般脚踏式设置在离合器踏板的左下方，手控式设置在方向盘下侧转向管柱上。当车灯总开关打开到大灯照明位置时，循环打开变光开关可使前照灯远近光交替变化。如图5-8所示，变光开关与车灯总开关组合在一起，向里（方向盘侧）搬动开关手柄，则进行远近光变换。

图5-9 刮水器及风窗洗涤开关

（5）刮水器及风窗洗涤开关　刮水器及风窗洗涤开关用于控制刮水器开动和停止，该开关有手柄式和拉钮式两种。轿车上普遍使用手柄式开关，如图5-9所示。一般有五个挡：关闭位置、间歇挡、低速挡、高速挡以及单次刮水（MIST）挡。向里（方向盘侧）搬动开关则打开风窗洗涤装置，松开手开关可自动回位。

（6）喇叭按钮　按下喇叭按钮汽车喇叭发出声响，提醒和警告行人及车辆注意避让。喇叭按钮有电喇叭按钮和气喇叭按钮之分。前者一般安装在方向盘的中央或两侧，后者大多安装在驾驶室控制台上。

2．仪表

常见的汽车仪表有车速里程表、发动机转速表、电流表、燃油表、水温表、机油压力表、空气压力表等。

3．报警灯

主要有ABS报警灯、安全带报警灯、气囊报警灯、机油压力报警灯、发动机报警灯、燃油报警灯。

4．指示灯

主要有车门未关指示灯、充电指示灯、驻车制动指示灯、转向指示灯、远光指示灯。

国际标准对仪表盘上的操纵件、指示器及信号装置上的标志、图形及颜色做了统一规定，见表5-1。

表5-1　仪表板上各种符号及含义

ABS报警灯	安全带报警灯	电瓶报警灯	燃油指示灯	机油压力报警灯	车门未关指示灯
气囊报警灯	驻车制动指示灯	发动机报警灯	转向指示灯	水温指示灯	远光指示灯
前风窗刮水器及洗涤器	前后雾灯指示灯	位置灯（示宽灯）	空气内循环指示灯	超速挡开关指示灯	TCS指示灯

第二节 汽车基础驾驶

一、驾驶前的准备

汽车驾驶员在驾驶车辆时要保持正确的驾驶姿势,同时要根据自身的特点调整好与安全驾驶相关的各种装置,这不仅便于驾驶操作,而且能够减轻驾驶疲劳。

1. 身体姿势

驾驶人驾车时,保持正确的坐姿,对安全驾驶和减轻驾驶疲劳有很大的作用。正确的身体姿势一般如下:

身体对正方向盘坐稳,头部端正,颈部肌肉自然放松;两眼向前平观,看远顾近,注意两旁,视线形成扇形;两手分别握住方向盘边缘的左上方和右下方;右脚以脚跟为支点,脚掌轻放在加速踏板上,左脚放在离合器踏板下方。

2. 座位调整

合适的座位是保持正确驾驶姿势的前提,当座位不合适时,应及时进行调整。不同车型的座椅调整方法不同,但一般都能对座椅进行前后和上下调整、对坐椅靠背进行前后调整、对座椅头枕进行上下调整。有些高档车型还可对座椅进行6个方向或8个方向的调整。调整方法有手动调整和电动调整两种。座位调整好后,应保证驾驶员两脚能将刹车和离合器踏板踩到底,收放自如;两手能够方便操纵各种操纵机构和仪表板按钮。

3. 后视镜调整

座位调整好后,还要对车内外后视镜进行调整。左右车外后视镜要调整到驾驶员能准确方便地观察到车外后部的情况,尽可能减小盲区,一般调整到驾驶员能够看到后视镜中的1/4为车身、1/2为地面比较合适。车内后视镜要调整到驾驶员能看到整个后挡风玻璃的景象,调整时注意不要碰到镜面。车外后视镜的调整有手动调整和电动调整两种,车内后视镜为手动调整。

现在很多汽车的方向盘也可以进行上下和前后的调整。在上述调整结束后,驾驶员可以根据自身特点和驾驶习惯对方向盘进行调整。

二、启动发动机

1. 操作程序

汽油发动机的启动程序为:

(1)检查驻车制动器是否拉紧;

(2)踩下离合器踏板;

(3)将变速杆放入空挡位置;

(4)将点火开关钥匙顺时针转动至第一挡,接通点火开关;

（5）将点火开关钥匙顺时针转动至第2挡，启动发动机；

（6）发动机启动后，放松离合器踏板。

对于柴油机，装有预热装置的可根据环境温度情况进行适当的预热，并适当踏下油门踏板，然后启动。

2. 注意事项

（1）启动发动机时，每次不应该超过5s，再次启动的时间间隔不应少于15s；

（2）现在车用汽油发动机都是电控发动机，其启动时的喷油量由电脑控制，也没有阻风门，所以不必拉阻风门也不必踩油门踏板；

（3）低温启动，若蓄电池电力不足，不要勉强使用启动机，应使用专用启动电源；对于柴油发动机要进行预热；

（4）发动机启动后，对于大型车辆应该怠速升温，待发动机运转正常，温度在50℃以上时，方可挂低速挡起步；对于小型车辆可直接起步用低速挡行驶，但发动机转速不能过高；

（5）自动挡车辆启动时应将变速杆手柄置于P挡或N挡位置，自动挡车辆没有离合器踏板，但是启动时应踩下制动踏板。

三、起步

1. 操作程序

汽车起步操作程序如下：

（1）踩下离合器踏板；

（2）将变速杆挂入适当挡位（D挡、1挡或2挡）；

（3）拨亮左转向指示灯；

（4）按喇叭鸣示；

（5）放松驻车制动器操纵杆；

（6）抬起离合器踏板，同时适度踩下加速踏板；

（7）汽车汇入车流行驶后，关闭转向指示灯。

2. 注意事项

（1）起步前要检查乘客是否坐稳，所有车门是否关好，安全带是否系好。

（2）起步前要环视车辆四周。检查有无人员或其他物品，尤其要注意附近有无儿童，确认安全后起步。

（3）起步要使用低速挡。一般在平坦、坚实的道路或场地上，空车应选用一挡或二挡，重车或拖带挂车应选用一挡起步。

（4）起步要平稳。放松离合器踏板开始动作要快些，当听到发动机声音有所下降，车身稍有抖动时，将离合器踏板在这个位置上稍微停一下，同时慢慢踩下加速踏板，使汽车平稳起步。

（5）正确操纵离合器踏板和加速踏板。如离合器踏板放松过快或加速踏板踩下的程度不够，都会造成发动机熄火。若离合器踏板放松过慢，会使离合器摩擦片磨损。加速踏板踩下过猛，会引起汽车前冲，还会使汽车传动系受损。

（6）自动挡汽车起步时，应踩下制动踏板然后挂D挡，慢松制动踏板，视情况加油。

四、换挡

由于汽车在行驶中道路及交通情况不断发生变化，为适应不同的运行条件，汽车的速度和挡位必须匹配，汽车性能才能有效发挥。变速器挡位可分为前进挡和倒挡，一般轿车和轻型车前进挡有4～6个，倒挡有1个；大型货车和工程车一般装有副变速器，前进挡可达到10～12个，倒挡有2个。不同车型的挡位布置略有不同，一般在换挡手柄上都有挡位图示。汽车换挡操作应及时根据车速变化进行适时的加挡或减挡。

1. 加挡操作

加挡是指由低速挡换入高速挡。当踩下加速踏板感到速度明显提高，已达到高一级挡位的速度范围，就应及时加挡。汽车加挡的操作方法如下：

（1）逐渐踩下加速踏板，提高车速；

（2）踩下离合器踏板，同时抬起加速踏板，将变速杆移入高一级挡位；

（3）缓抬离合器踏板，同时逐渐踩下加速踏板。

2. 减挡操作

减挡是指由高速挡换入低速挡。当感到车速下降、发动机声音变得沉闷，车体出现抖动，表明该挡已经动力不足，要及时减到低挡行驶以提高输出动力。汽车减挡的操作方法如下：

（1）抬起加速踏板，同时迅速踩下离合器踏板，根据车速情况将变速杆移入合适的低挡位；

（2）缓抬离合器踏板，同时踩下加速踏板，以低速行驶。

3. 换挡注意事项

（1）加挡应逐级变换，不得越级增挡，防止汽车动力不连续而减挡时则可以根据车速情况越级减挡。

（2）换挡时不要低头看变速杆的挡位，不要在变速杆移入空挡后来回摇晃，不要在右手换挡时左手用力向下拉方向盘。

（3）操纵加速踏板、离合器踏板、变速杆三者的动作应密切配合，以免发生齿轮撞击响声。

（4）在换挡过程中，油门和离合器配合要密切，离合器松抬的太慢可能会引起发动机高速空转，引起噪声，对发动机也有损害。

（5）在减挡过程中，如果减挡速度过快，会引起车辆顿挫；加挡过程中，加挡过早会引起发动机抖动，甚至熄火。

五、转向

汽车在行驶中,因道路、交通等情况的变化,需要经常改变行驶方向,转向时驾驶人要仔细观察道路及交通情况,正确操纵方向盘,做到转向时机准确,速度控制适宜,实现平稳转向。

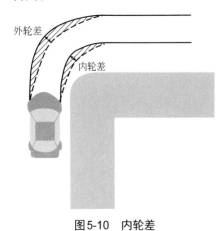

图5-10 内轮差

汽车转向操作注意事项如下。

(1)注意内轮差。汽车转弯时,前后轮的行驶轨迹不在一条线上,内侧前后轮转弯半径的差值,称为内轮差,如图5-10所示。由于内轮差等因素的影响,使车辆转弯时,所占道路宽度大于直线行驶所占道路宽度,所以转弯时要注意内侧车辆和行人的安全。

(2)要控制车速。由于汽车转弯时要受到离心力的作用,而离心力的大小与车速的平方成正比,即车速增加时,离心力按车速增加的平方倍数增加,所以转弯时要降低车速,以防止发生侧翻事故。车速的具体掌握是:进入弯道前减速、弯道中匀速、将出弯道时加速。

(3)正确操纵方向盘。转弯时,应根据转弯半径和车速,平稳操纵方向盘,尽量避免急打方向盘。

(4)在视线不良的弯道上转弯时要做到减速、鸣喇叭、靠右行。

(5)在进入弯道前完成制动和减挡操作,转弯过程中要尽量避免换挡和使用紧急制动。

六、倒车

1. 操作方法

(1)倒车前应观察好车后及周围的情况,选择好倒车路线和停靠地点,确认安全后方可倒车。

(2)倒车一般是从后车窗观察后方情况,从后视镜观察两侧情况,在特殊的情况下,也可以将头伸出车外向后观察情况。左手握住方向盘上部,身体向右后转,右手扶住右侧座椅靠背上端,眼睛由后窗观察车后情况,对准停靠地点的可视目标倒车。车后看不到的地方可利用左右后视镜观察。

(3)倒车时,先挂入倒挡,起步要缓慢,利用离合器半联动控制好车速,稳住加速踏板,正确操纵方向盘,直线倒车如车尾向左偏斜,应将方向盘向右少量回转,车尾向右偏斜,应将方向盘向左少量回转,等车接近正直时,便及时修正方向,切不可猛打猛回。

2. 注意事项

(1)倒车前,必须了解道路情况,确定倒车目标和路线,在确保安全情况下进行倒车。

（2）倒车时，车速必须均匀，不宜过快，不可忽快忽慢，要防止倒车熄火或因倒车过猛而向后急冲，以免造成事故。

（3）倒车时应尽量不影响其他车辆通行。如遇来车，应主动停让。附近有人或其他障碍时要小心，尤其对儿童更应提高警惕，提前鸣喇叭，以防造成伤人事故。

七、掉头

1. 操作方法

（1）一次前进掉头　一次前进掉头适用于在路面较宽和十字路口路段。其操作方法是，减慢车速，汽车靠道路右侧行驶，开左转向灯，观察道路前后车辆、行人动态，挂入低速挡，按喇叭，然后迅速向左转动方向盘，一次前进完成掉头操作。

（2）二进一退掉头　二进一退掉头是在路面较窄的路段，需要进行二次前进和一次后退才能完成的掉头操作。操作方法如下。

第一次前进：打开左转向灯，挂一挡起步，立即将方向盘向左转到底，使汽车驶向左侧，当左前轮快接近左侧边线约1m时，踩下离合器踏板，迅速向右回转方向盘，随即停车摘挡。

第一次后退：应先从左侧门窗观察后退路线及车位情况，然后挂倒挡。在刚起步时，迅速向右转足方向盘，使车尾向右拐。当右后轮接近右边线约1m，踩下离合器踏板，迅速向左回转方向盘，随即停车摘挡。

第二次前进：挂低速挡起步，起步后应迅速向左转动方向盘，转动量应以右前轮不压右边线，汽车能驶出为准。待汽车驶出靠边正直停车后，关闭左转向灯。

（3）三进二退掉头　三进二退掉头是在路面很窄的路段，需要进行三次前进和二次后退才能完成的掉头操作，其操作方法除多一次前进和后退外，与二进一退掉头基本相同。

2. 注意事项

（1）选择适宜路段掉头，严禁在桥梁、隧道、涵洞、铁路道口以及设有禁止掉头标志的路段掉头，以防止堵塞道路，影响交通。

（2）汽车掉头时由于各车轮与路边距离不相等，在判断时，以先接近路边的车轮为准。

（3）注意掉头路段两侧的障碍物，以防碰撞。

（4）雨天、雪天在公路掉头时，车轮不要过于靠路边，以防侧滑或路基松软，车轮滑落。

（5）在危险路段或倾斜路面上掉头，不论前进或后退，均需在汽车停稳后，拉紧驻车制动操纵杆，并将车头对向危险方向，以利于观察。

八、停车

1. 操作方法

汽车停车操作程序如下：

（1）放松加速踏板，打开右转向灯，右脚放到制动踏板上，观察前方和后方道路交通情况确认安全，逐渐制动减速，将汽车驶向道路右侧；

（2）当车速降至10km/h后，踏下离合器踏板，同时轻踩制动踏板，使汽车平稳正直地停在预定地点；

（3）汽车停稳后，拉紧驻车制动操纵杆，将变速杆移入空挡位置，放松离合器踏板和制动踏板，关闭点火开关。

2．注意事项

（1）不准在交通法规禁止的地方停车；

（2）汽车熄火后要检查各种仪表有没有异常，各种用电器开关是否关闭，避免不受钥匙门开关控制的用电器继续工作放电；

（3）汽车熄火后，有电源总开关的车辆必须关闭电源总开关，以防止蓄电池放电或发生火灾事故。

九、车辆行驶位置和路线

驾驶人驾驶车辆在路上行驶，要保持正确的行驶位置和行驶路线。对于初学驾驶者，必须掌握如何保持正确的行驶位置和行驶路线。

1．观察点和视野

选择正确的观察点，有助于收集行车中必要的信息，便于驾驶人提前确定行驶方向和行驶位置。因此，行驶中应在尽量看清前方远处的同时，随时观察车辆周围的情况。

2．直线行驶

行车中尽量目视远方道路情况，感觉偏离了行驶路线，应该及时调整方向盘进行修正。驾驶车辆时只看近处，能看到的前方范围很小，不容易发现行驶偏差，只有当产生较大偏差时才能发现。车辆应选择在行车道中央行驶，行车中不得紧靠路边或中心线，以免影响其他车辆正常行驶。

3．弯道行驶

转弯时，占道宽度增加（转弯时，后轮比前轮通过的位置靠向内侧）。车型越大前后轮轨迹差得就越多。所以转弯时一定要注意弯道内侧的后轮。进入弯道之前，首先应看清楚弯道的状况，再确定行驶路线。进入弯道前，应提前减速行驶，根据曲线的弯度及时转动转向盘，动作要准确柔和，以保证车辆行驶稳定。行驶在平缓的弯道上，可双手握住方向盘不倒手进行转向，通过急弯，需要双手交替操作方向盘。

4．车体位置感觉方法

刚接触车辆，不容易准确感知车体的准确位置，如：车的宽度、长度以及与周围物体的距离等等。初学者可以利用标杆来感觉车身的大小和路面的视觉，标杆可以设置在车的四个角。现代轿车头尾都很低，坐在驾驶室内一般看不到车体前后的边缘，因此要练习掌握车位的位置，形成良好的位置感。

第三节　汽车场地与场内道路驾驶

一、倒车入库

1. 场地设置

场地设置如图5-11所示。W（库宽）：车身宽（不含后视镜）加60cm；L（库位长）：车身长加70cm；S（车道宽）：车身长的1.5倍；H（车库距控制线）：车身长的1.5倍。

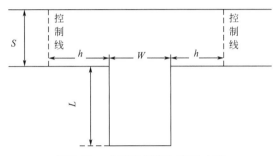

图5-11　小型车倒车入库尺寸图

2. 操作方法及要求

车辆停在右侧控制线内（车头朝向控制线），启动车辆，挂入倒挡，将车倒入库内并停正；挂前进挡，将车开到左侧控制线，停稳；挂入倒挡，将车倒入库内并停正；挂前进挡将车开到起始点，停稳，考试结束。

不按规定路线、顺序行驶的，不合格；车身出线、倒库不入，不合格；在倒车前，未将两个前轮触地点均试过控制线，超过210秒未完成倒车入库，不合格；中途停车超过2秒，每次扣5分。

3. 注意事项

（1）必须按规定路线、顺序行驶；

（2）行驶中，车身任何部位不得出线；

（3）车辆入库应到位；

（4）不得出现发动机熄火现象。

二、通过连续障碍

1. 场地设置

场内道路的障碍物为圆饼，如图5-12所示。圆饼直径为0.7m，饼高小于车辆最小离地间隙，通常小型车辆为6cm，其他车辆为10cm。

通过连续障碍的场地设置，如图5-13所示。在宽度为7m的道路上共设置6（3）块圆饼，B、C、D、E圆饼中点偏离路中心线1m；圆饼间距为相邻两块圆饼中心点投影在路中

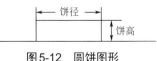

图5-12　圆饼图形

心线上之间的距离；大型客车、大型货车所考核的圆饼间距为2倍车辆最前轮轴至最后轮轴距，小型汽车为2.5倍的车辆轴距。牵引车考试只设A、B、C三饼，圆饼间距为1.5倍轴距，轴距是牵引车前轴至挂车最后轴的轴距。

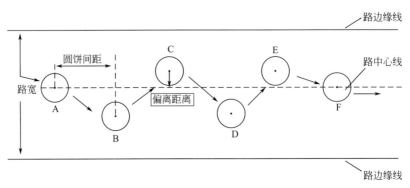

图5-13 通过连续障碍的场地设置

2. 操作要求

通过场内道路连续障碍，要求除小型车用一挡外，其他车型驾驶用二挡（含）以上挡位车速，将车骑于圆饼之上通过，车轮轨迹不得碰、擦、压圆饼，并且不得超、压两侧路边缘线。

3. 操作方法

（1）在行进骑越障碍物的第一个圆饼时，提前修正方向，使两前轮对准圆饼，并使偏向第二个圆饼一侧的车轮尽量靠近第一个圆饼；

（2）当汽车前轮越过圆饼后，马上向第二个圆饼方向偏转方向盘。当车身对正第二个圆饼时回正车身，并使偏向第三个圆饼一侧的车轮尽量靠近第二个圆饼；

（3）按照以上方法通过第三至第六个圆饼，通过圆饼后，迅速回到正常行驶位置。

4. 注意事项

（1）骑越圆饼时，要提前对正目标；

（2）掌握好转向时机，早打早回；

（3）稳住车速一次通过，不能使用制动和离合器。

三、通过单边桥

1. 场地设置

通过单边桥的场地，如图5-14所示。单边桥由甲乙两个桥组成，两桥错位距离为车辆轴距加1m；两桥间距：牵引车挂车为2倍轴距，小型车辆为3倍轴距，其他车辆为2.5倍轴距。单边桥桥面长度为1.5倍车辆轴距；坡道不大于7%；桥宽为0.2m；桥高不大于车辆最小离地间隙，通常小型车辆桥高为8cm，其他车辆桥高为12cm。

2. 操作要求

驾驶人要正确掌握方向，将甲、乙两桥分别用左、右边轮压于轮下，平稳、顺畅地

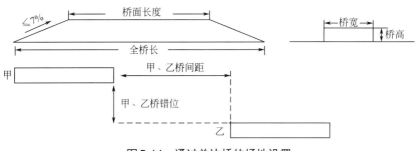

图 5-14 通过单边桥的场地设置

过。小型车辆使用一挡（含）以上挡位，其他车用二挡（含）以上挡位。

3．操作方法

通过单边桥时，由于单边桥高出路面，使车身倾斜，方向容易跑偏。因此，要特别注意保持端正的驾驶姿势，握紧方向盘，选好参照点。操作方法是：

（1）通过前，降低车速，换入低速挡；

（2）目视前方，选择车辆上的对照点（一般是发动机盖中间位置），使其对准参照物，稳住方向，匀速上桥；

（3）上左单边桥时向右修正方向，上桥后向左修正方向；上右单边桥时向左修正方向，上桥后向右修正方向；

（4）驶入桥上"盲区"时稳住方向，照直行驶。

4．注意事项

（1）四轮汽车不能出现有一个车轮未上桥的情形；

（2）车轮驶上桥面后，车轮不得掉下桥面；

（3）稳住车速一次通过，不能使用制动和离合器；

（4）不能出现发动机熄火现象。

四、直角转弯

1．场地设置

直角转弯的场地设置，如图5-15所示。直角转弯路长超过1.5倍车长；路宽：小型车辆为轴距加1m，半挂牵引车路宽为牵引车轴距加3m，其他车辆为轴距加1.5m。

2．操作要求

机动车驾驶人驾驶车辆用低速按规定的线路行驶，车辆可以由左向右或由右向左直角转弯通过。一次通过，中途不得停车。

3．注意事项

（1）行驶中，车轮不得触轧突出点或者驶出边缘线；

（2）不得借助倒车完成直角转弯，中途不得停车；

（3）不得出现发动机熄火现象。

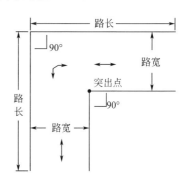

图5-15 直角转弯的场地设置

五、侧方停车

为适应车辆在路边或纵向设置的停车位停车的需要,驾驶人必须掌握车辆停于道路右侧车位(库)中的技能。

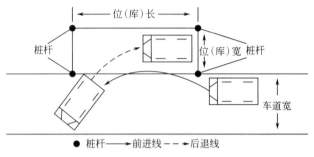

图 5-16　侧方停车的场地设置

1. 场地设置

侧方停车的场地设置,如图 5-16 所示。侧方停车位(库)长:大型客车为 1.5 倍车长减 1m,小型车辆为 1.5 倍车长加 1m,其他车辆为 1.5 倍车长;车位(库)宽为车宽加 80cm;车道宽为 1.5 倍车宽加 80cm。

2. 操作要求

驾驶人驾驶车辆在不碰、擦库位桩杆,车轮不轧碰车道边线、库位边线的情况下,通过一进一退的方式,将整车移入右侧车位(库)中。车辆入库停止后车身出线,不合格;出库时不使用或错误使用转向灯,扣 10 分;项目时间超过 90 秒,不合格;行驶中车身触碰库位边线,每次扣 10 分;行驶中车轮触轧车道边线,每次扣 10 分;中途停车超过 2 秒,每次扣 5 分。

3. 注意事项

(1)车辆在入库停止后,车身不得出线;
(2)行驶中,不得碰擦桩杆,轮胎不得触轧车道边线;
(3)不得出现发动机熄火现象。

六、上坡路定点停车与坡道起步

该项目主要锻炼和考查驾驶人能否准确判断停车位置,正确使用制动、挡位和离合器以适应在上坡路段停车与起步的需要。

1. 场地设置

上坡路定点停车与坡道起步的场地设置,如图 5-17 所示。定点停车桩杆距坡底大于 1.倍车长,全坡长大于 30m,坡度不小于 10%。

2. 操作方法及要求

驾驶人应通过视觉和感觉及时判断坡道的坡度大小、长短及路宽等道路情况,采取正的操作方法,控制车辆平稳停车和起步。做到转向正确,换挡迅速,操纵加速踏板、驻车动器操纵杆和离合器踏板的动作准确协调。

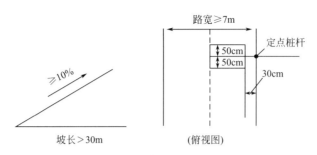

图5-17　上坡路定点停车与坡道起步的场地设置

（1）上坡路定点停车

① 车辆行驶接近停车桩杆约20m时，向右适当转动方向盘，使车辆正直靠道路右侧缓慢行驶，并注意观察停车桩杆；

② 车辆行驶接近停车桩杆约10m时，缓慢、准确、平稳地靠近定位目标；

③ 准确目测目标，以停车桩杆、挡风玻璃某一点（因车型和驾驶人身高不同，此点应在练习中确定）作目标。当目测到挡风玻璃某一点与停车桩杆成一条直线，即车辆保险杠与停车桩杆线对齐时，立即停车。

（2）坡道起步

① 先踩下离合器踏板，挂低速挡，打开左转向灯并鸣喇叭示意车辆即将起步；

② 踩下加速踏板，提高发动机转速（一般不超过2000r/min），同时抬离合器踏板至半联动状态（在抬起离合器踏板时，如发动机声音变得沉闷或车身微动、车头稍微抬起证明离合器处于半联动状态）；

③ 慢慢松开驻车制动杆，并徐徐踩下加速踏板，同时继续缓抬离合器踏板，使车辆平稳起步。

3．注意事项

（1）车辆停止后，汽车前保险杠定于桩杆线上，车身距离路边缘线不得大于30cm；

（2）起步时车辆不得后溜；

（3）不得出现发动机熄火现象。

七、限速通过限宽门

1．场地设置

限速通过限宽门的场地，如图5-18所示。路宽大于等于7m，门宽为车宽加60cm，共设置连续三个限宽门，三门之间各相距3倍车长，1、3两门设置于同一水平位置，2门与1、3门交错一个车宽位置。

2．操作要求

驾驶人应驾驶车辆将车速控制在不低于20km/h，将车辆从三门之间穿越，不得碰擦门桩杆。

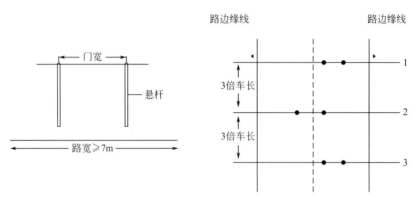

图 5-18　限速通过限宽门的场地设置

3．操作方法

（1）车辆起步后，将车速提高到 20km/h 以上，尽量靠近内侧杆行驶；

（2）当驾驶室越过 1 号门后，向右适度转动方向盘，并注意右侧后视镜，防止因内轮差碰到外侧杆；

（3）当右后轮驶过外侧杆后，将车辆靠近 2 号门前进；

（4）当驾驶室越过 2 号门后，向左适度转动方向盘，并注意左侧后视镜，防止左后轮碰到内侧杆；

（5）当左后轮驶过内侧杆后，将车辆靠近 3 号门前进；

（6）当驾驶室越过 3 号门后，向右回正方向盘，通过最后一个限宽门。

4．注意事项

（1）必须按照规定路线、顺序行驶，车速不得低于 20km/h 通过；

（2）行驶中，车身任何部位不得碰擦限宽门悬杆；

（3）不得出现发动机熄火现象。

八、百米加减挡

1．场地设置

百米加减挡场地设置如图 5-19 所示。

图 5-19　百米加减挡场地设置

2．操作要求

车辆由百米起点线处起步，在百米内完成从最低挡逐级到最高挡的加速，以及再从最高挡逐级到二挡的减速过程。

3．操作方法

（1）车辆挂最低挡起步后迅速提速，待车速达到高一级挡位的速度后立即加挡；

（2）挂入高一级挡位后，再迅速提速和加挡，直至加到最高挡位；

（3）完成加挡操作后，迅速抬起加速踏板减速，待车速降到低一级挡位的速度后立即减挡；

（4）挂入低一级挡位后，再继续减速和减挡，直至减到二挡后停车。

4．注意事项

（1）加挡提速要充分，否则将延长加挡后再提速的时间；

（2）必须在百米内完成加减挡，不得越级换挡；

（3）不得出现发动机熄火现象。

九、起伏路驾驶

1．场地设置

起伏路驾驶的场地设置，如图5-20所示。通常情况下，顶宽、底宽为车轮直径加60cm；深度、高度：大型客车、小型车辆为6 cm，其他车辆为12cm。

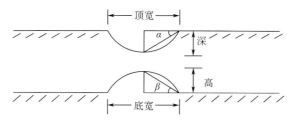

图5-20　起伏路驾驶的场地设置

设置时，应根据所通过车辆的离去角和接近角，在设置障碍时，要保证α角小于车辆离去角，β角小于车辆接近角。同时，设置障碍的深度和高度要小于车辆的最小离地间隙。

2．操作要求

车辆正常行驶在障碍物前20m内制动减速，用低速挡或者半联动使车辆平稳安全地通过障碍。

3．操作方法

（1）通过凸形路时，在车辆接近凸形路前20m制动减速，并换入低速挡。当前轮接近凸形路时，踩下加速踏板。前轮登上凸形路后，松放加速踏板使前轮滑下。当后轮接近凸形路时，再踩下加速踏板，使后轮上凸形路，后轮登上凸形路后，松放加速踏板使后轮滑下。

（2）通过凹形路时，在凹形路前20m制动减速，并换入低速挡，用间歇制动驶近沟沿。用惯性使前轮溜下，踩下加速踏板，使前轮上沟。利用惯性使后轮溜下，踩下加速踏板，使后轮上沟。

4．注意事项

（1）通过起伏路面时，应及时减速，不得出现不减速和早减速现象；

（2）控制好车速，避免车辆跳跃；

（3）不得出现发动机熄火现象。

十、曲线行驶

1．场地设置

曲线行驶的场地设置，如图5-21所示。路宽：大型车辆为4m，小型车辆为3.5m；半径：大型车辆为10m，小型车辆为7.5m；弧长：八分之三个圆周。

2．操作要求

机动车驾驶人驾驶车辆从弯道的一端前进驶入，减速换挡，以低挡低速从另一端驶出。行驶中不得挤轧路边缘线，方向运用自如。

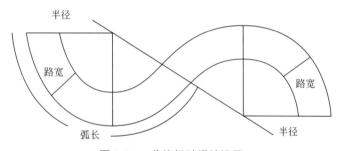

图5-21　曲线行驶场地设置

3．操作方法

（1）沿道路的左侧进入弯道保持匀低速行驶；

（2）车辆保持与路左侧0.5m的距离，适当修正方向（留出右侧内轮差的足够距离）；

（3）降低车速，向右打动方向盘，由靠左侧行驶变为靠右侧行驶；

（4）车辆右侧车轮保持与路边缘线0.5m，适度修正方向；

（5）回转方向盘，进入直线行驶。

4．注意事项

（1）行驶中车辆不得驶出路边缘线或骑轧路边缘线；

（2）不得出现发动机熄火现象。

本章小结

本章主要介绍了汽车驾驶的基本操作技术，是初学驾驶者必须掌握的基本技能。重点讲述了汽车操纵机构与仪表的使用方法，汽车起步、停车、转向等基础驾驶操作方法、汽车场内道路驾驶和汽车场地驾驶的方法。通过本章的学习，使学生对汽车驾驶的基本知识和技能有一定的了解和掌握，为汽车道路驾驶的学习打下基础。

思考题

1. 就车说明汽车驾驶操作主要涉及的操纵机件有哪些？各个机件的操纵方法及其作用是什么？
2. 就车说明汽车仪表板上的主要指示和报警灯及其作用。
3. 汽车基础驾驶方法及注意事项有哪些？
4. 汽车场内道路驾驶方法及注意事项有哪些？

第六章 汽车道路驾驶技术

学习目标

1. 掌握一般道路驾驶方法。
2. 掌握高速公路驾驶方法。
3. 掌握预见性驾驶方法。
4. 了解复杂道路和特殊环境驾驶方法。
5. 了解危险情况处理方法。

汽车道路驾驶技术是机动车驾驶人必须具备的主要技能，熟练掌握各种道路和不同环境下的驾驶操作方法，是确保安全行车的重中之重。

第一节　一般道路驾驶

一般道路是指车辆日常行驶中经常走的道路，主要是指一级以下的公路、路况较好的城市道路等。一般道路驾驶，是对驾驶员的基本技术要求，主要应注意以下几个方面的内容。

一、行驶路线的选择

行车中，应根据路面及道路上的各种动态、障碍物等情况，合理地选择行驶路线，尽可能地保持直线匀速行驶，以减少车辆机件磨损和燃料消耗，减轻驾驶人的疲劳，确保行车安全。

行驶路线选择的基本原则是：在路面宽阔且平坦的路段，车辆应靠右侧行驶；在路面狭窄、拱度较大的路段，在无会车和超车的情况下，应选择在道路中间行驶；在有分道线道路上，车辆应按规定各行其道；当路面条件不良时，应选择较好路面行驶，尽量避开道路上的障碍物。

汽车在二级以下公路（不分快慢车道）上行驶时，驾驶员必须遵章守法，认真执行右侧通行的规则，各行其道。在二级以下公路行驶分两种情况：一是在无标线的道路（若路宽大于或等于14m时，则两侧各3.5m为非机动车道，其余路面为机动车道；若路宽小于14m但大于或等于10m，则居中的7m为机动车道，两侧至少各有1.5m的路面为非机动车道；若路宽小于10m但大于或等于6m的，则两侧1.5m路面为非机动车道，其余路面为机动车道）行驶时，机动车一般居中偏右行驶，非机动车则紧靠道路右侧行驶；如果因超车、会车等情况，必须占用他车的行驶路线时，按规定必须让有通行权的车辆先行；二是在只划有中心线的道路上行驶时，机动车应靠中心线右侧行驶，非机动车则靠道路右边行驶。

汽车在两种车道（即划有机动车道与非机动车道）上行驶时，根据各行其道的原则，机动车和非机动车分别在各自的车道内享有通行权，各种车辆必须在规定的车道内顺序行进。在通常情况下，不允许车辆越过中心线或压线行驶。若因故借道行驶，不准妨碍该车道正常行驶的车辆。当车辆越过人行横道时，不得妨碍有先行权的行人通行。

汽车在三种车道（即划有小型快速车道、大型载重车道和非机动车道）上行驶时，机动车、非机动车都只准在规定的车道内行驶，不准跨线或压线行驶。黄色实线处，表示严禁车辆越线改变车道或越线超车。

二、行驶速度的确定

车辆的行驶速度可分为最高速度和经济速度，最高速度又可分为车辆设计最高速度和法定最高速度。车辆设计最高速度，即车辆技术性能说明书上载明的最高速度，指车辆在道路平直、视线良好的情况下，所能达到的最高行驶速度；法定最高速度指交通法规上规定的最高限定速度，机动车行驶时不允许超过此速度。经济速度即车辆燃油消耗率比较低时的速度，车辆以经济速度行驶，发动机功率利用较好，耗油量较低，较有利于节油、节胎和延长车辆寿命。汽车在平坦道路上行驶，要在交通法规规定的限速范围内，以经济速度行驶为宜。不同车型的经济速度有所不同，普通轿车的经济车速一般是60～80km/h。在行驶速度方面首要的是无条件遵守交通法规的有关规定，其次是密切注意交通情况，正确判断、及时调整车速，避免不必要的加速和制动。

汽车在城市里行驶时更应注意控制行驶速度。目前城市交通规则所规定的最高时速，是为我国主要车型的经济速度而制定的。《中华人民共和国道路交通安全法实施条例》规定：进入非机动车道，通过铁路道口、急弯路、窄路、窄桥时；掉头、转弯、下陡坡时；遇雾、雨、雪、沙尘、冰雹，能见度在50m以内时；在冰雪、泥泞的道路上行驶时；牵引发生故障的机动车时，最高时速不得超过30km/h。

三、行驶间距

行驶间距即行驶中车辆之间距离，包括纵向间距和横向间距。纵向间距是指车辆在行驶过程中前车车尾与后车车头间距离；横向间距是指两辆车在并行或交会时车身外的距离。

同向行驶的车辆必须保持安全距离，交通法规对此没有具体规定。据一般的经验，安全距离米数大约等于行车时速的千米数，如行车时速为40km，安全距离应不小于40m。如遇风沙、雨、雪、雾天或弯路、坡路、冰雪路、泥泞路等，安全距离一般要加大1.5～2倍。在坡路上行驶的车辆间距，要保持在75～100m左右；在下坡路上行驶的车辆间距还要适当加大，以确保行车安全。与非机动车间的行驶横向距离，在提前观察好各种车辆动态的情况下，要保持1～2m以上的距离。在会车、让车或超车过程中，驾驶人必须根据车辆的位置、车速、道路、地形等变化，照顾到前后及两侧情况，调整自己的车速和两车外侧间的横向距离。根据我国道路实际情况，交通管理部门对各种不同车速的最小横向距离和车轮至路边的最小距离都做了比较详细的规定。

四、会车

在会车时必须遵守交通法规，自觉做到礼让"三先"，即"先让、先慢、先停"。千万不要争道抢行，遇到难行之处，要"宁停三分、不抢一秒"。

会车前要仔细观察道路及交通情况，尽量选择道路较宽、视线良好、无障碍物的路段会车；会车中应根据道路、气候和车型等条件适当控制车速，保持足够的横向间距；会车后，确认对方车后视线盲区内无横行的非机动车和行人，前方无连续交会的车辆，向左变更行车路线。

在一般道路上会车时，掌握下列让车原则：宽路车让窄路车先行；低速车让高速车先行；大型车让小型车先行；空车让重车先行；距离桥梁和障碍物远的车辆让距离近的车辆先行；有障碍的一边让无障碍的一边先行。

在较窄的路面上会车，应先判明来车的车型、装载和拖挂情况，然后降低车速，选择路面稍宽地段，靠右慢行或停车会车。

在自己车前方有障碍物时会车，应根据各车与障碍物的距离、速度及道路情况来决定是加速通过还是减速等待，以错开越过障碍物的时间。

五、超车

超车的操作方法是：

超车前，驾驶人要正确判断前车车速，选择平直宽阔、视线良好、左右均无障碍且前方路段150m范围内没有来车的路段超车。

超车时，先提高车速，向前车左侧接近，拨亮左转向灯。在距离前车20～30m处鸣喇叭（如在不准鸣喇叭的城市和夜间可断续开闭大灯示意）通知前车。在确认前车允许超车后，与被超车保持一定侧向安全距离，从左边超越。

超越前车后，应继续沿快车道行驶，不能过早地驶入原来的行驶路线，在超过被超车20～30m后，打开右转向灯，驶回原车道，关闭转向灯。

六、让车

行车中，驾驶人要随时注意观察后面有无准备超越的车辆，当发现有尾随车发出超车信号时，应根据道路、交通等情况，在确保本车安全的前提下，及时让车。

让车时应主动减速、靠右行驶，并打开右转向灯，示意后车超越。让超车后，确认无其他车辆连续超车时，再驶入正常行驶路线。

七、跟车

跟车时，前后车之间必须保持一定的安全距离，在前车减速或制动时，后车有足够的时间供驾驶人作出反应，采取制动措施，不致发生追尾事故。跟车距离应根据车速、道路、气候和交通等情况确定。跟车时精力要高度集中，使自己所驾车辆在前车任何情况下停车时，都能及时停下来。

第二节　复杂道路驾驶

复杂道路是相对于一般道路而言的，主要包括城市道路、山区道路、泥泞与翻浆道路、冰雪道路、隧道、涵洞与涉水路等。复杂道路的驾驶要求驾驶员能根据各种复杂路况的特点，采取不同的驾驶方法，确保行车安全。

一、城市道路驾驶

城市和集镇是人口高度集中的地方，机动车、非机动车和行人的交通量都比较大，交通情况比较复杂，行车中一定要集中精力，谨慎驾驶。

1. 驾驶方法

（1）要严格按照规定的道路行驶。在划有机动车道与非机动车道的道路上行驶，各种车辆必须在规定的车道内行驶；在未设分道线的街道上，如果对面无来车，可保持在路的中间行驶。

（2）集镇街道，一般不设分道线，各种车辆和行人混在一起，行车时要主动减速礼让，尽量避免超车。行至拥挤街道，行车比较困难，要多鸣喇叭，减速行驶。

（3）城市的交叉路口是事故多发地段，必须谨慎驾驶。车辆行至交叉路口遇有停止信号，应停在停车线以内；没有停车线的，应停在人行横道线以外；停车线、人行横道线都没有的，应停在距路口 5m 以外处。左转弯的车辆，在不影响来车通行的前提下，尽量靠中心线行车，为后来车辆提供方便。右转弯的车辆，要注意右侧非机动车动态，防止交叉相撞。通过无指挥信号的路口及交通高度集中的路口，要做到"一慢、二看、三通过"，遵守有关让车的规定，及早停车或加速通过。车辆行经环形交叉路口时，一律绕环岛做逆时针的单向行驶，行至所要出去的路口时，开右转向灯离岛驶出。大多数环形路有两条或两条以上的车道，内侧一般为快车道。当车辆由内侧车道离开环形路前，要先安全驶入外侧车道，不能从内车道直接右转弯驶出环形交叉口，以免与在外侧车道行驶的车辆相撞。在转向改变车道时，要特别注意安全，并及时发出转向信号。

（4）车辆需要倒车或掉头时，必须遵守倒车和掉头的规定，选择合适的地点进行。操作中要小心谨慎，必要时要有人指挥。确需停车时，必须遵守有关停车的规定。在城市道路（或停车场）停车时，应紧靠道路两旁或规定车位依次停放。

2．注意事项

（1）要严格遵守交通法规。车辆进入城市前，要熟悉当地城市的交通管理规则和公路交通管理规则，进入城市后，要密切注意路旁设立的各种交通标志，听从交通管理人员的指挥。

（2）要仔细观察道路标线，城市道路上的标线很多，这些标线有的是可以压（越）的，而有的是不可以压（越）的。道路中心的单实线、双实线（白色或黄色）是不能压（越）的。道路中心的虚线，在超车和转弯时可以短时间压（越）线。

（3）要控制车速和车距。由于城市道路交通条件复杂，突发、意外情况显著增多，所以车辆在通过繁华交叉路口、行人稠密地区及铁路和街道交叉路段要遵守限速规定，减速行驶，并与前车保持安全距离，确保交通安全。

（4）城镇街道行人较多，驾驶人要特别注意，尤其是通过学校、公园、体育场馆、影剧院、集市或农贸市场等场所时，应密切注意行人动态低速缓行，慎防行人突然横穿，不得用汽车去挤开人群。

二、山区道路驾驶

山区道路坡多路窄，弯急路险，行车难度大，驾驶人必须掌握山区道路的特点，采取恰当的驾驶操作方法，正确处理各种情况，谨慎驾驶。

1．驾驶方法

（1）汽车上陡坡时，应提前将汽车换入中、低速挡，使发动机保持足够的动力，平稳地上坡。当动力不足时，应迅速减挡，不可强撑，以防拖挡熄火。如错过换挡时机，可越级减挡。若遇换不进挡或发动机熄火时，应立即同时使用行车制动器与驻车制动器进行停车，然后重新起步。汽车下坡时，由于汽车的重心前移，其惯性力也随之增大，应注意检查制动器的工作情况，要严格控制车速，不能过快，运用发动机和低速挡位的牵阻作用控制车速。要合理使用制动器稳定车速，严禁熄火、空挡或踩下离合器踏板滑行。

（2）汽车上长坡时，车速慢，时间长，要求驾驶人要有耐心，使发动机平稳地工作。不应操之过急，狠踩加速踏板使发动机高速运转，而使发动机过热开锅、油路气阻造成供油不良。下长坡时，主要是利用发动机制动控制车速，辅助以间歇行车制动。要防止长时间连续使用行车制动，使制动蹄片过热，以及气压过低，使制动效能降低。

（3）通过傍山险路，要注意交通标志，遵守标志规定。行车中要重点观察靠山一边的路面，尽量选择道路中间或靠山的一侧谨慎驾驶，不要窥视崖下深涧，以免精力分散和产生不必要的紧张心理。在弯道上，转弯前应减速、鸣喇叭、靠右行，特别是下坡车应在转弯前平稳降低车速，随时做好停车准备，以防转弯中遇到来车交会或转弯后遇到路障。边转弯边上陡坡时，应提前减挡，使车辆有足够的动力，避免转弯时换挡。与车辆交会，应提前处理情况，做到"一让、二慢、三停"，观察好前方道路和右侧路面情况，选择好会车地点，主动做好停让车的准备。如会车时靠近山崖边或河崖一侧，应停下来观察路基情况，在确保安全的情况下才能通过。特别在山区公路的雨季，由于公路狭窄，交会时不能太靠边，应选择适当地点，提前让车。不盲目交会，安全礼让。

（4）汽车在易出现塌方、滑坡和泥石流的危险地段行驶，应提前了解有关道路的情况，以便心中有数，采取相应对策，做到有备无患。进入危险地段应认真观察，若前方路面有散乱的大小石块、泥块或土堆时，应考虑是否会有塌方、滑坡和泥石流出现，并选择安全位置停车，细心观察，待确认可以安全通过时再通过，切忌犹豫不定或在可疑地段停车。若车前突然遇到坍塌，应立即停车后倒避让。如果险情发生在车后，或有碎石落在车上或车旁时，切勿停车察看，应加速前进一段路程，选择安全地点停车处理。遇到塌方严重短时无法排除时，应及时掉头迂回或找安全场地停车等待。

2．注意事项

（1）车辆在山区道路行驶应保持良好的技术状况。出车前应对车辆进行认真检查，尤其对影响安全的关键部位要仔细检查，发现隐患要及时排除，以防机械故障导致行车事故。

（2）在山区道路行驶，驾驶人要注意观察道路及山体情况。尤其是在多雨季节更要仔细观察，以防道路坍塌、山体滑坡及泥石流造成车辆受损或人员伤亡。

（3）在视线不良山区道路行驶应及时鸣喇叭（夜间用断续灯光），以使对面来车提前知道有车临近，并注意倾听对方是否有鸣喇叭的声音，以便提前采取相应措施，避免事故发生。

三、泥泞与翻浆道路驾驶

1．驾驶方法

（1）在泥泞、翻浆道路上起步时，应选择比一般道路起步高一级的挡位，轻踩加速踏板，放松离合器踏板要比一般道路起步快点儿，使汽车向前猛窜一下，但要掌握好尺度，不能前冲太猛，使用次数不宜过多，以免损坏传动机件。

（2）在泥泞道路上行驶，应注意观察路面情况，选择质地坚实、地势较高、泥泞较浅的路面行驶，有拱度的路面，尽可能在路中行驶，保持左右车轮高低一致。如有车辙，可循车辙前进。

（3）通过泥泞、翻浆路段前，应及早换入所需挡位，保持足够的动力，中途尽量避免换挡或停车。在泥泞较浅的道路上，应选用低速挡平稳行驶；在泥泞较深、距离短而又无危险的地段，可用中速挡加速通过；在不宜冲过的地段，可用低速挡以保持足够的动力，一次通过，尽量避免中途变换、制动、转向和停车。如中途必须换挡，时机要比平路正常情况提前，动作要敏捷，联动要平稳。

（4）在泥泞、翻浆道路上应尽量保持直线行驶，需要转向时，转动盘的操作要均匀缓和，瞬时转动角度要小，以避免惯性离心力的作用。需要靠边时，应先在路中减速或换入低挡，逐步驶向路边。转弯时必须提前减速，缓慢地操作转向盘，防止车辆发生侧滑。

2. 注意事项

（1）汽车在泥泞道路上需要减速时，无论是平路、下坡、直线或弯道，都应以发动机的牵阻制动为主，必要时辅以间歇性的驻车制动，尽量避免使用行车制动，禁止使用紧急制动。

（2）汽车在泥泞道路上发生侧滑时，应立即减速。如是前轮侧滑，车辆有自行停止侧滑的作用；如是后轮侧滑，车尾向一边甩（俗称"甩尾"），应放松加速踏板，转向盘向车尾甩动的方向转动，这样可以控制车体的运动方向，防止侧滑继续下去，待修正好行驶方向后，再逐渐驶入正道。当汽车发生侧滑时，不可紧急制动，猛打转向盘，以免发生更大的侧滑，甚至造成翻车事故。

（3）当车轮陷入泥中并空转时，应立即倒车，另选路线通过。如倒车也空转，应立即停车，以免越陷越深。停车后，挖去泥浆，加以铺垫，必要时卸下货物，以便汽车驶出。

四、冰雪道路驾驶

汽车在冰雪路面上行驶，由于路面光滑，附着力小，车轮易产生空转和滑溜，方向的稳定性差。所以，驾驶方法与一般路面有所不同。

1. 驾驶方法

（1）起步时，应选择比平常起步高一级挡位，缓慢放松离合器踏板，在半联动状态稍多加停留，轻踩加速踏板，以适应较小的路面附着力，避免汽车猛烈前冲或牵引力过大而使车轮空转或出现侧滑。如果车轮空转难以起步，应清除车轮下的冰雪，并在驱动轮下铺垫砂土、炉渣、柴草等防滑材料，再重新起步。

（2）行驶中应保持中、低速并匀速行驶，需要减速时，应利用发动机牵阻作用，尽量避免使用行车制动，必须使用行车制动时，只能间歇轻踩，并辅以驻车制动。

（3）转弯时要控制车速，提前缓抬加速踏板，平稳降速。在道路和交通情况允许下，适当加大转弯半径，操作转向盘要缓慢，做到早转或少转，不要急打急回，以防车轮侧滑。

（4）尾随行驶应与前车保持较大的纵向距离，一般为正常道路条件的1.5～3倍（安全距离一般在50m以上）。会车、超车要选好适当路段，注意加大横向间距。超车时，待前车让车后，方可超车。

（5）上坡时，应根据坡度使用稍低一级的挡位，需要减挡时，时间应较平时稍提前一些，避免发生拖挡现象，以保证有足够的动力不使汽车向后滑溜。下坡主要是控制车速，要提前挂入低速挡，依靠发动机牵制制动，需要用行车制动来控制车速时，应采用间歇制动。

2. 注意事项

（1）出车前应做好各项准备工作：携带防滑链、喷灯、三角木、钢丝绳、锹镐及其他必要防寒保温用品。安装防滑链要左右对称，松紧适度，冰雪路段通过后，立即拆除。

（2）在积雪过深地区行驶，应根据行道树、电线杆、交通标志和路边栏杆等相互位置来判断道路，判明行车路线，沿着道路中心或积雪较浅处通过。

（3）在冰雪路面不要长时间停车，以防轮胎与地面冻结在一起，损伤轮胎和传动零部件。如果必须长时间停车时，应在车轮下铺垫沙石、柴草物。

（4）由于冰雪路面对阳光的反射，驾驶人易出现双目畏光、流泪、疼痛、视物不清等现象。因此，驾驶人应配戴有色防护眼镜来保护眼睛，以利于交通安全。

五、隧道、涵洞与涉水路的驾驶

1. 通过隧道的驾驶

（1）进入隧道前，要认真观察隧道入口处的标高、标宽等交通标志和文字说明，对于载货汽车要特别注意高度限制规定，超高的车辆严禁进入隧道。

（2）车辆通过单行隧道时，在进入单行隧道前应仔细观察对方有无来车，是否有通行条件。允许通过时，适当鸣喇叭或开启示宽灯，缓行通过。如发现对面有来车驶入隧道或有停车信号，应及时在道口靠右侧停车，待来车通过或见有放行灯光信号后，再起步驶入隧道，故到红灯亮停车，绿灯亮通过。

（3）车辆通过双行隧道时，应靠道路右侧行驶，视情况开启灯光，注意交会车辆，隧道内一般不宜鸣喇叭，尤其在距离较长，车辆流量较大的隧道内更须注意，避免喇叭声使隧道内噪声增大。

（4）隧道内不准超车、倒车、掉头和停车，车辆发生故障时，应开启示宽灯和尾灯，并设法移至隧道外。

2. 通过涵洞的驾驶

涵洞是公路与公路或公路与铁路构成立体交叉的下层叉口，在交通标志允许的范围之内，必要时应停车核实。通过涵洞时，要适当减速，如涵洞路幅不宽，通视条件较差，应注意前方来车。

3. 涉水驾驶

汽车涉水前，必须停车观察水情，查明水的深度、流速、流向、水底（泥泞底还是石底）及汽车进出水域的道路情况。

若水面较宽，应选择水浅、底硬、水流稳定及两岸坡缓处作为涉水路线，并应设置标志。车辆应采取必要的防水措施。

涉水时应使用低速挡，平稳地驶入水中，并缓慢行进，防止水花溅湿发动机电器部分而造成发动机熄火。稳住加速踏板，保持汽车行驶平稳而有足够动力。尽量避免中途换挡、停车和急转方向。

汽车涉水后，应对车辆进行检查，如轮胎间有嵌石，底盘有水草缠绕，就予以清除。继续行驶后应先踩几次刹车，排除制动器中的水，避免刹车效能降低影响交通安全。

第三节　特殊环境驾驶

一、夜间驾驶

1. 灯光的使用

（1）夜间灯光有照明和信号两方面的作用，为了告知路上的其他行人、机动车和非机动车驾驶人，应在灯光能显示出车的轮廓时就开启前照灯、示廓灯、牌照灯等。

（2）夜间行车要正确使用灯光，其操作方法是：一是起步时，应先打开近光灯、尾灯等，如看不清前方100m左右的物体时，打开远光灯进行观察；二是在城市有照明条件的道路上行驶，应使用近光灯；三是车速在30km/h以内，可使用近光灯，灯光须照出30m以外，车速超过30km/h，应使用远光灯，灯光须照出100m以外；四是在风、雨、雪天夜间行驶时，应使用防雾灯或防眩目近光灯，不宜使用远光灯，以免出现眩目的光幕而影响视线；五是停车时，须在车辆停稳后再关闭灯光，如果是临时停放，应开亮示宽灯和尾灯，以提醒驾驶人和行人注意。

（3）夜间行车，因车灯照射范围有限，难以看清路面状况和道路变化，可通过发动机声音和灯光照射的变化进行判断。当车速自动减慢或发动机声音变得沉闷时，表示行驶阻力增大，汽车正在上坡或驶经松软路面；当车速自动增快或发动机声音变得轻松时，表示行驶阻力减小或汽车已在下坡。当灯光投射距离由远变近时，表示汽车驶近或驶入上坡道，驶近急弯或将要到达起伏坡路的低谷地段；当灯光由近变远时，汽车由弯道转入直线，或者是上下坡道由陡坡进缓坡；当灯光离开路面时，应当注意前方可能出现急弯或面临大坑，或许是上坡车正驶上坡顶。

2. 夜间会车、跟车

（1）夜间会车要选择路面宽阔、平坦的路段交会，并降低车速。在距对面来车150m以外，将远光灯改用近光灯，两车在横向并线时应该打开远光灯。在变光的瞬间，应观察清楚自己方向的地形和路线，同时也应顾及对方的地形和行驶路线，切不可在看不清道路的情况下盲目转向，以免发生意外。夜间会车一定要做到"礼让三先"，遇到来车未能及时改远光灯时，可连续切换远、近光灯示意。如对方仍用远光灯行驶，应立即靠边停车让对方先行。切忌强光对射，以免影响对方视觉，导致交通事故。

（2）夜间同方向近距离跟车行驶，应使用近光灯，并保持较大的安全距离，行车中注意观察前车信号灯的变化，随时做好减速或停车的准备。行驶速度应控制在遇到紧急情况制动时，车辆能在前照灯的照射范围内安全减速停车。

3．夜间超车和让超车

（1）夜间行驶应尽量避免超车，必须超越时，应提前打开左转向指示灯，观察左侧车道无来车时，逐渐向左变更车道，并变换远、近灯光提醒被超车辆。确认被超车辆让车后，开启近光灯，加速超越。超越后，在不影响被超车辆行驶的前提下，开启右转向灯逐渐驶回原行驶车道。

（2）车辆在夜间行驶中，当发觉后车打左转向灯并连续变换远近光，表明后面有车想超自己的车。此时应视前方的道路和交通情况，决定是否让路。如前方没什么特殊的情况，就向右打一点方向，让出路面，让后车顺利超车。

4．夜间通过交叉路口

（1）夜间通过视线较差的交叉路口，应距交叉路口150m以外进行远近光变换，示意左右来往的车辆和行人，低速通过；在路口转弯时，应距路口来车30～100m关闭远光灯，打开转向指示灯示意，进入路口前应降低车速，不断变换远近光灯，安全通过。

（2）夜间通过城市交叉路口时，应提前选择行驶车道，在距交叉路口100m处，关闭近光灯，按交通信号灯的提示通过或等候。遇信号灯解除、黄灯闪烁时，应减速慢行或停车瞭望，并变换远、近光灯提醒来往车辆行人。通过时，应注意暗处的行人和非机动车。

5．注意事项

（1）夜间行车，在出车前要认真检查车辆，尤其对灯光、制动、转向等装置更要仔细检查。

（2）夜间行车要控制行驶速度，尤其是行经弯道、坡路、桥梁、窄路和不易看清的路段，更须减速缓行，并要随时做好停车准备。

（3）通过繁华的街道时，要注意霓虹灯及其他各种灯光对视线的影响，在雨后沥青路面上行驶要注意光线反射对视线的影响，遇到上述情况应当降低车速，细心观察，谨慎驾驶。

（4）夜间行驶中，如遇灯光突然不亮，要沉着果断，稳住转向盘，立即采取停车措施，同时开亮近光灯、防雾灯，必要时也可使用转向灯。如前照灯不能修复，可暂时用其他灯光代替，但必须谨慎地慢速行驶，并随时做好停车的准备。

（5）夜间行车，驾驶人应具有充沛的体力和旺盛的精力，避免疲劳驾驶。如在行驶中感到疲倦，应就地停车休息，待体力、精神得到恢复后，再继续驾驶。

二、雨天驾驶

雨天行车，能见度低，路面湿滑，驾驶人要特别小心。

1．驾驶方法

（1）雨天行车应严格控制车速，能见度在30m以内时，车速不得超过20km/h。尾随行驶要适当加大与前车的纵向距离，尽量避免急转弯和紧急制动，以防汽车打滑驶出路面。

（2）当路面积水时，应低速缓行，以防雨水溅起影响视线。遇到路面上的凹坑应尽量避开，选择高处行驶。对积水过深的道路，应探明路面情况，不得盲目涉水，以防路面被水冲坏，车辆陷入大坑。

（3）会车时，应提前减速，缓慢转动转向盘，靠右侧慢慢通过。行驶中尽量不要超车，在较窄路面上应避免超车，以防事故发生。

（4）雨天行车要密切注视自行车和行人动态，尤其是在刚开始下雨时，骑车人和行人由于急切赶路或找避雨地方，往往不顾其他车辆行驶，行驶方向较乱、速度较快，与汽车争道抢行，顾前不顾后。所以，驾驶人应注意观察，勤鸣喇叭，尽量避让，同时降低车速，并随时准备停车。

2. 注意事项

（1）雨天行车要确保刮水器工作正常，当刮水器发生故障时，切不可冒险行车。

（2）连雨天气，要注意路基是否疏松及有可能出现坍塌情况，选择安全路面行驶。在傍山路、堤路或沿河道路上，不宜靠边行驶或停车，在超车、会车时更须注意。

（3）在山区遇到暴雨时，应尽量将车停在山顶的公路上，待雨停后再通过。切勿将车停在山谷间的公路上，以免受到山洪的冲击。

（4）遇到特大暴雨，不要冒险行驶，应选择安全地点将车停好，并开亮小灯，引起过往车辆的注意。

三、雾天驾驶

雾天能见度低，视线受限，视距缩小，使行车难度加大。

1. 驾驶方法

（1）雾天行车能见度低，为增大视距和便于被其他车辆发现自己，应正确使用灯光。当雾气不太浓时，应开防雾灯、前后小灯及示宽灯；当雾很浓，能见度小于30m时，还应开近光灯和危险警告灯。

（2）雾天驾驶车辆应降低车速，雾气浓度越大，可视距离越小，车速应越慢。当能见度在30m以内时，车速不要超过20km/h。

（3）雾天行车，应密切注视前方交通情况，适当多鸣喇叭引起车辆、行人注意，并与其他车辆及行人保持足够的安全距离。

（4）雾天，汽车应始终保持靠道路右侧行驶，不要侵占对方路线。会车时，应关闭防雾灯，以免给对方造成眩目，同时加大横向间距，低速行驶，会车后打开防雾灯。

（5）雾天驾驶车辆时，应严禁超越车辆。在超越路边停放的车辆时，注意道路左侧的交通情况，勤鸣喇叭，做好随时停车的准备，切忌盲目超越。

2. 注意事项

（1）当雾气凝聚在挡风玻璃上形成小水珠影响视线时，应间歇使用刮水器，刮去水珠改善视线。

（2）雾中行车不能使用远光灯，因为远光光轴偏上，射出的光线被雾气漫反射，使车白茫茫一片，犹如隔着磨砂玻璃一样，导致什么也看不清。

（3）能见度极低时，应及时选择适当地点暂时停车，开亮示宽灯，待大雾消散或能见度有了改善后，再继续行驶。

四、严寒天气驾驶

严寒天气，润滑油黏度增大、燃油挥发性变差，挡风玻璃易结霜，给行车带来一定的困难。

1．驾驶方法

（1）在严寒天气，启动发动机之前，有预热装置的要进行必要的预热。对于化油器式发动机要关闭阻风门进行启动。

（2）发动机启动后不要急于起步，要预热几分钟，使发动机温度升高至50℃时再行起步。起步时，应挂低速挡，缓抬离合器踏板，轻踩加速踏板。起步后，应低速行驶1～2km或更长距离，待机件润滑正常后再加速。

（3）随着气温的降低，汽车上有些机件的脆性增加，容易断裂。为此，行车中要注意选择平坦路面，并保持中速行驶，避免紧急制动，以防机件因剧烈振动导致损坏。

（4）遇到冰雪道路时，应按冰雪道路的驾驶方法操作。行驶中要控制车速，提速要缓慢，不要猛踩加速踏板，操纵转向盘不可过猛、过急，尽量减少使用行车制动，禁止使用紧急制动，以免车辆侧滑发生事故。

2．注意事项

（1）严寒天气来临前，应对车辆进行换季维护，更换发动机润滑油、齿轮油，对冷却系统加注防冻液，调整蓄电池电解液的密度。

（2）未加防冻液的车辆停驶时切勿忘记放水，以防冻裂发动机。

（3）车辆尽可能停在车库内。在道路上临时停车，应有效利用地形或建筑物避风防寒。

五、炎热天气驾驶

炎热天气，空气密度变小，使发动机充气系数降低，功率下降；润滑油变稀，黏度变小，润滑不良，使机件磨损加快；同时，燃料系统和液压制动装置易出现气阻，轮胎因温度过高，易出现爆胎。

1．驾驶方法

（1）出车前，要检查冷却系的工作状况，检查冷却液位是否标准，检查风扇皮带的松紧度。行车中，注意观察水温变化，如果水温过高应停车检查，避免发生大的故障或事故。

（2）行车中驾驶人要注意观察车况变化，加强途中检查，及时做好车辆机件设备的降温工作，使车辆各部件运转正常。当燃料系统产生气阻时，应先停车降温，排除故障后，再继续行驶。发现胎温、胎压过高时，应选择荫凉处停车休息，使其自然恢复正常，不可用放气或浇水的方法进行降温。

（3）行驶中要注意观察路面情况，柏油路面受阳光暴晒容易软化，使车轮与路面的摩擦系数小，制动距离增长且车轮易产生侧滑。为此，行驶中要控制车速，遇到情况要及早采取措施，以防车辆事故发生。

（4）夏季树木成荫，视线容易受到遮隔，要预防路外有人从隐蔽处突然闯入公路，在转弯处更须特别警惕。当太阳落山时，气温降低，此时赶路的人、车较多，应当耐心对待，小心处理。夜间因室内温度较高，人们喜欢户外活动，在路边乘凉、游玩的较多。因此，通过居民地和街道时，要格外小心，注意观察路边的情况，降低车速，并随时做好停车准备。

2. 注意事项

（1）炎热天气驾驶人要防止中暑，尽量选择早、晚凉爽时出车，避免在烈日炎炎的正午出车。要随车携带防暑降温药物，如人丹、清凉油、风油精等。

（2）炎热天气行车，驾驶必须保持充沛的精力和体力，当感到精力和体力不足疲劳时，应选择荫凉处停车休息，待身体消除疲劳后再驾车行驶。

（3）炎热天气，液压制动液易产生气阻，制动皮碗和制动软管易软化，这都会导致制动失效。为此，进入夏季时，要及时检修制动系统，检查制动皮碗和制动软管的完好程度。

（4）炎热天气由于温度高，再加上空调的使用，容易使发动机水温高，应经常注意观察。一旦发生"开锅"现象，应立即停车，关闭空调，先使发动机中速运转，待温度降低后，再将发动机熄火进行加水。在打开散热器盖时，要避开加水口上方，以免水汽冲出烫伤手和脸。若需热车更换冷却水时，不可将热水全部放出后添加，以免汽缸体因冷却不均而发生破裂。

（5）炎热天气轮胎散热不好，容易爆胎。如果汽车后胎爆了汽车仅仅是上下颤动，问题不是很大，慢慢减速靠边停车即可。前轮爆胎，汽车不仅会颤动，发生倾斜，而且方向盘也会突然被一股强大的力量拉向爆胎的那一边，此时不要紧张，用力拉住方向盘，使汽车保持直行状态，松掉油门，让车速慢慢降下来，不能踩刹车，否则将翻车失控。

第四节　高速公路驾驶

高速公路具有全封闭，全立交，车道分明，路面条件好等特点，在高速公路上行车，驾驶人应掌握高速公路车辆驾驶特点，确保高速公路的行车安全。

一、高速公路行车前准备

1. 检查车辆

首先在汽车驾驶室内对灯光、仪表及各操纵装置等进行检查。然后在发动机室对发动机冷却液、机油、刹车油、助力转向油和挡风玻璃清洗液（玻璃水）等进行检查，如有液位低要及时补充。最后在车辆外部对灯光、轮胎和装载情况等进行检查。车辆起步后，先低速行驶，再对仪表、转向及制动等项目进行复查，确保车辆技术状况良好。

2. 制定行车方案

如果是短途行车，只要做到对路况和进出路口位置心中有数即可。如果是长途行车，最好做个详细的行车方案，内容主要包括：进出高速路口的位置、行驶路线、沿途道路及交通状况、行车时间及服务区设置、天气信息等。

3. 随车物品

在高速公路行车，车辆要携带必要的随车工具和停车指示标志。如行车里程较长，应带好必要的饮用水、食物和生活用品等。要保证油箱内的燃油能足够到达最近的服务区。

4. 装载规定

高速公路对车辆装载的要求更加严格，必须按照相关法律法规规定执行，否则可能无法通过高速公路入口进入高速公路。因此，车辆一定要按规定装载，不得有超载、超长、超宽、超高现象。货车运输超限的大件或特殊物品，应提前向高速公路管理部门申请，在获得特别批准之后才能从特殊车辆通道进入。

二、驶入高速公路

1. 驶入高速公路的操作方法

（1）高速公路入口处一般都设有收费站，汽车在进入收费站前，应密切注视通道上方的灯光信号和控制入口前的情报标志板，选择绿色车道灯亮的入口进入高速公路。当驶近收费站时，要减速缓行，依次排队，按次序交费通过，切勿急于通过而争道抢行。进入收费入口处，车辆尽量靠近收费亭，使驾驶室门窗对齐收费口，便于收费人员和驾驶人交接现金、票证或通行卡。在入口处领到通行卡或票证后，要妥善收存好，以备出口时交卡或验票。

（2）车辆驶过高速公路收费口后，应根据指路标志选择需要的匝道口（注意观察路标，不要走错匝道）。驶入确定的匝道后，要迅速提高车速，但不得超过标志限定的速度。在匝道上不准超车、停车、倒车和掉头。

（3）车辆进入加速车道后，应打开左转向灯，迅速将车速提高到60km/h以上，并通过后视镜和左侧车窗仔细观察行车道上行驶车辆情况，选择驶入行车道的时机，在不妨碍正在车道上行驶车辆的情况下，平滑汇入车道。

2. 注意事项

（1）在具有弯道和坡道的匝道应注意警告标志，限制车速。在喇叭形、环形立交上行驶时，注意相对方向欲驶向出口的车辆，避免相撞、刮擦。

（2）不允许未在加速车道加速而直接驶入车道。当前车加速性能较差或停车时，要与前车保持一个能够在加速车道上充分加速的距离，避免在加速车道前端停车。汇入车道时，操纵转向盘不应过急过猛。

（3）汽车在进入加速车道时应打开左转向灯，使车道上的车辆驾驶人知道有车辆准备驶入车道。

三、高速公路行驶

1. 分道行驶

（1）在高速公路上必须严格遵守分道行驶原则，所有车辆都应按照各种类型车辆所应行驶的车道各行其道，不准随意穿行越线，不准骑、轧分道线行驶。除因停车驶入或者驶出紧急停车带和路肩外，不准在紧急停车带和路肩上行车。

（2）在同向2车道的高速公路上行驶，车速低于100km/h，应在右侧车道上行驶。

（3）在同向3车道的高速公路上行驶，最右侧车道的最低车速为60km/h，车速高于90km/h的车辆应在中间车道上行驶，车速高于110km/h的车辆应在最左侧车道上行驶。

（4）在同向4车道的高速公路上行驶，车速高于90km/h的车辆应在中间两条车道上行驶，车速高于110km/h的车辆应在最左侧车道上行驶。行驶方向左侧的两个车道一般为小型车辆行车道，行驶方向右侧的两个车道一般为大型车辆行车道。

2. 车速和车距

（1）我国规定的高速公路限速范围一般最低车速不低于60km/h，最高车速不高于120km/h。处于不同地区和不同路段的高速公路最高限速不同，实际驾驶时应根据具体限速标志行车。长时间高速行驶，驾驶人对车速的感觉变得迟钝，仅凭感觉不能准确判断车速，因此，要通过车速表确认车速。

（2）高速公路行车，应根据行驶速度、天气和道路情况保持安全距离。车速为100km/h，两车的横向间距应不小于1.5m。

（3）高速公路每隔一段距离，设有专门为驾驶人确认安全距离使用的路段和标志牌，该路段用于驾驶人确认车速为100km/h的安全距离。车辆在高速公路以100km/h的速度行驶时，100m为安全距离，50m为危险距离。

3. 变道和超车

（1）车辆在高速公路上行车，不得频繁地变更车道。如确需变更车道，应打开转向灯，先观察好路况，确认安全后，缓转方向盘，驶入需要变更的车道。变更车道的目的是为了选择不同的行车道，但更多时候是为了超车。

（2）高速公路超车，应首先观察前车是否在超车或有无超车的意图，并通过后视镜观察左侧车道上有无后续车辆或来车超越，在确认前后方安全的情况下，打开左转向灯，夜间还须变换使用远、近光灯，在距前车50～70m时平稳地向左转动转向盘，以较大的行车轨迹加速驶向左侧车道，与前车尽量保持较大的横向间距，加速超越，超车后，距被车辆50～70m时，打开右转向灯，平稳驶回行车道，并关闭转向灯。

4. 经过隧道

（1）车辆在通过高速公路隧道时，应按照限速标志，先降低车速，开启前照灯和示廓灯、尾灯。

（2）进入隧道后，应两眼平视前方，不要鸣喇叭。驶出隧道口，可能会受到横向风的影击,会明显出现方向偏移,此时应握稳方向盘,控制好行驶路线。

5. 注意事项

(1)在高速公路上行车要正确操纵转向盘。进行车道变换或修正行车方向时,转动转向盘的转角尽量要小,以免车身偏移过多导致驶出车道或造成不必要的频繁修正方向。通过弯道操纵转向盘的速度应尽量小,要避免猛打、猛回转向盘,否则会使汽车失稳、侧滑,甚至翻车。

(2)车辆在高速公路上行驶,要注意控制行驶速度。行驶速度并非是越高越好,超高速行驶极易造成交通事故;但行驶速度也不是越慢越安全,车速过低则与其他车辆的速度差增大,经常处于被超状态,反而不安全。为此,在高速公路上行驶应严格遵守交通法规中最高速度和最低速度的规定。

(3)在高速公路上行驶,无特殊情况,不准随意停车。如因故障需要临时停车检修时,必须提前开启右转向灯驶离行车道,停在紧急停车带内或者右侧路肩上。如果汽车不能离开行车道,应立即开启危险报警闪光灯,并在行车方向的后方100m处设置故障车警告标志。

(4)高速公路行车如果因为疏忽驶过了出口,应继续向前行驶,寻找下一个出口驶出高速公路。不得紧急制动、停车或沿路肩倒车退到出口处,更不得掉头或逆行。

四、驶离高速公路

1. 驶离高速公路操作方法

高速公路在出口的前方四个不同距离上分别设有2km、1km、500m及出口处预告标志,驶离高速公路时,要根据这些预告标志的指示距离,适时向右侧变更车道。

(1)在高速公路行车中,当见到2km预告标志牌后,如果准备在这一出口驶出高速公路,就应开始作驶出准备,行驶在左侧车道上的车辆要尽快驶入最右侧车道。

(2)当见到1km标志牌后,严禁超车。如果见到这块预告标志后还要进行超车,则有可能到达出口处时来不及返回主车道,因而无法驶向出口。

(3)当见到500m标志牌后,应打开右转向灯,表示即将驶出高速公路的意图,作好进入减速车道的准备。

(4)在减速车道起点上设有出口标志牌,上面没有距离数字,但有一指向箭头。见到此标志牌后,可平稳地向右转动转向盘进入减速车道。

(5)进入减速车道后,应关闭转向灯,利用制动器并配合以发动机制动使车辆减速。在到达减速车道与出口匝道分流点的三角地带端部之前,将车速降低到限速标志规定的车速以下,然后进入出口匝道。

2. 注意事项

(1)要注意出口不要弄错。进入高速公路之前应把出口及大致里程位置记牢。进入高速公路后,留意驶过的各出口名称。在接近自己准备驶出的出口时,要特别注意各出口预告标志。

（2）要注意速度错觉。驾驶人在高速公路上经过长时间的高速行驶后，对高速感会逐渐减弱，出现速度错觉，把实际上已经很高的速度主观判断成较低速度。所以，驶离高速公路后，仍须按照车速表来控制车速，不要过分信赖自己的主观感觉。

五、高速公路特殊环境行驶

1. 行驶方法

（1）夜间行车，应适当降低车速，正确使用灯光，仔细观察交通情况，最好是选择在自己车辆前方、行驶速度与自己差不多的车辆，保持足够的行车间距，跟车行驶。夜间行车应避免在路肩上停车，如确因车辆故障，可将车辆停放在路肩上合适的位置，并在行驶方向的后方100m处设置故障车警告标志，同时开启示宽灯和尾灯。

（2）大风天气行车，要特别注意侧向风对车辆行驶的影响，在行驶中，如突然遇到侧向风，行驶方向因侧向风的影响而发生明显偏离时，应一边注意车辆行驶方向的变化，一边适当地往回转动转向盘加以修正。要注意转向盘转动不能过急，以防车辆发生横向滑移，甚至导致事故。

（3）大雾天气行车，应及时打开尾灯、防雾灯或前照灯（近光），将车速减至最低限速标准，并加大跟车距离。

（4）雨天行车，在出车前要检查刮水器的工作情况。行车中要控制车速，增大行车间距，转动转向盘要缓和，尽量减少行车制动，避免使用紧急制动。遇特大暴雨，不要贸然行驶，应选择安全地点停车，并开亮示宽灯和尾灯，引起来车注意。

（5）雪天行车，在出车前要检查刮水器、玻璃加热器是否正常。并在车轮上加装防滑链。行驶中要降低车速，加大车距。避免急减速、急加速和急打转向盘。需要减速时，要利用发动机制动，尽量不要使用行车制动，避免使用紧急制动。除非十分必要，否则不要超车。

2. 注意事项

（1）汽车驾驶人要有关注天气预报的习惯，以便提前采取预防措施。在高速公路行车中，要注意交通情报板上的预告，以便及时防范。

（2）夜间行车，除特殊情况不要在路肩上停车，如确因车辆故障，需停放在路肩上，应在行驶方向的后方100m处设置故障车警告标志，同时开启示宽灯和尾灯。

（3）侧向风对汽车行驶的影响随行驶速度的增大而迅速增大。例如在同样强度的侧向风作用下，行驶速度为100km/h发生的侧向偏离要比行驶速度为50km/h几乎大四倍。也就是说，侧向风的影响差不多与车速的平方成比例。所以，在高速公路行驶中，如突遇侧向风应立即降低车速。

（4）如遇浓雾使能见度极低时，应将车开到服务区停车休息，切勿勉强行车。

（5）在雨天，高速通过积水路段时，容易出现"水面滑行"现象。出现水面滑行后，轮胎和路面间便失去摩擦力，致使汽车难以控制。一旦发生"水面滑行"现象，应及时降低车速，握紧转向盘，保持操作姿势不变，等待"水面滑行"消失。

第五节　预见性驾驶

驾驶人在行车过程中，会遇到各式各样的突发事件，这些突发事件是造成交通事故的很重要的因素。如果驾驶员能够事先有所准备，那么在遇到这种突发事件时就能够当机立断采取措施，避免交通事故的发生。预见性驾驶是指采用以预防交通事故发生为主的方法来驾驶汽车，从而达到行车安全的目的。汽车驾驶员在驾驶汽车过程中，针对道路状况、交通情况和周围环境进行主动注意、分析、判断，从而对前方可能会出现的各种突显信息作出预先估计，并及时采取相应的预防措施，从而避免交通事故的发生。驾驶员如果能够熟练掌握预见性驾驶方法，就能在行车过程中预先给自己加一道安全屏障。

一、路况信息与潜在危险（见表6-1）

表6-1　路况信息与潜在危险

路况信息	应预测到的危险
前方有玩耍、上学或放学的儿童	跑到行车道上、突然改变奔跑方向
前方车辆要在道路右侧停车	行人抢行跑上主路的危险、开车门的危险
行至没有红绿灯的十字路口	有车辆从左右方横穿的危险
前方有停放的车辆	行人会从停放的车辆前面突然跑出的危险
对面有大型汽车左转时	车辆会从大车背后驶来的危险
将要右转弯时，从右后方有摩托车驶来	刮倒摩托车的危险
雨天行车，前方有行人或骑车人	行人或骑车人视觉和听觉受阻，可能听不见喇叭声
前方有人力车	速度较慢，不能及时避让车辆
前方有少年骑车人	平衡把握不好，容易摔倒或突然改变方向
前方有牲畜或畜力车	速度较慢，牲畜易受到惊吓，突然变向或奔跑
前方有聋哑人	对喇叭声没有反应，外表和正常人一样
前方有盲人	听觉灵敏，躲避车辆准确度差，易出现方向错误

二、险情的预测

1. 通过学校或单位门口

通过学校或企事业单位门口，应及时减速。在上学放学或上下班的时间段，应预测到会突然有大批学生或上下班人员涌入街道，或横穿马路。

2. 通过人行横道

驶近人行横道时，应减速或停车让行。人行横道内没有行人时，也要预测会有行人或非机动车突然急速通过。夜间通过人行横道遇到对面来车没有关闭远光灯时，应及时减速，预防在两车灯光的交汇处会有看不见的行人正在通过。

3．通过交叉路口的险情预测

（1）绿色信号灯亮，直行通过交叉路口时，应注意观察路口的各种动态。要预测到行人、非机动车突然横过道路，其他车辆违法转弯阻碍正常行驶路线。

（2）在交叉路口内与对面来的大型车辆交会时，应及时减速，谨慎驾驶。要预测到对面车辆后方可能会跟有小型机动车突然转弯。

（3）在交叉路口跟随前车右转弯时，应保持安全距离，注意观察右侧道路情况。要预测到前侧会突然减速或停车，行人、非机动车会突然从车前绕行，右侧会有机动车加速直行。

（4）在交叉路口左转弯时，要预测到会有行人突然横过道路，对面左转的车辆后方有机动车直行。

（5）通过视线不良的交叉路口时，要预测到两侧路口内会有车辆急速驶出，紧急制动会发生后车追尾事故。

4．通过弯道时的险情预测

（1）通过急转弯道时，应减速靠道路右侧行驶，要预测到转弯过急会侵占对方车道，弯道对面会有来车越过道路中心线占道行驶，如果是湿滑路面会发生侧滑。

（2）在狭窄的胡同里转直角弯时，要预测到直角弯内有停放的车辆或突然有行人或车辆从对面出来。

5．跟车时的险情预测

（1）跟随大型车辆行驶，要预测到前车会突然制动减速或停车，大型车前有小型机动车突然直转或行人、非机动车突然横穿道路。

（2）跟随出租车行驶时，应保持安全距离，注意观察出租车前方动态，要预测到出租车为载客会突然停车、转弯或掉头。

6．超车时的险情预测

（1）超越前方停放的大型车辆时，靠近道路中心减速行驶，要预测到车门会突然打开，车前会有行人、非机动车横穿道路。

（2）超车时要预测到前方有来车的可能性，特别是在上坡路、弯路或视线不良的情况下。

7．山路行驶险情预测

山路是盲区最多的路段，许多看似普通的转弯真走过去才会发现有可能是一条连续的S形弯路。因此山路行驶要预测到连续弯道、陡坡以及盲区随时都会有对面来车等险情。

8．下坡路制动距离的预测

在下坡行驶时，一个看似不急的下坡弯道，却要比平时费更大的力气才能减下速度来。这是由于车辆在下坡时的重力加速度会让刹车系统的负担变大，而且车辆在转弯时轮胎与地面的附着力本身就要比正常路面差一些，再加上多次踩制动踏板，制动系统的制动力开始衰退了,所以在下坡路行车时一定要对刹车距离有充分的预测。

预见性驾驶对于保证行车安全非常重要。各种道路交通事故往往是在一瞬间发生,做好各种突发情况的预防工作,预见性地应对道路上千变万化的情况,并采取行之有效的措施是保障行车安全的重要手段。

第六节　危险情况处理

车辆在行驶中,一旦出现转向失控、制动失灵、爆胎、火灾以及落水、碰撞、倾翻等危险情况,驾驶人应采取应急措施,避免事故发生或减轻事故的损害程度。驾驶人遇到行车险情时,应遵循沉着冷静、先人后物、先人后己的处理原则。不要慌张,首先要保证人身安全,然后再顾及车辆和物品。驾驶人在处理险情时,应先抢救处在危险中的乘客或受伤人员,不得擅离职守,尤其是运输危险品的车辆在突遇起火,并有爆炸可能时,驾驶人应奋不顾身地将车辆驶离人群、城镇和工厂,避免损失扩大。

一、制动失灵

1. 处理方法

(1) 如果汽车仪表板上的制动报警灯闪亮,应立即减速将车开到路旁停车。检查并排除故障,或与修理厂联系,待解决问题后再继续行驶。

(2) 如果在没有预先发现的情况下发生制动失灵,驾驶人首先要保持冷静,立即松开油门踏板,控制好车辆行驶方向,迅速减挡。在最短的时间内将挡位减到最低挡,利用发动机的制动作用使车辆减速,最后利用手刹车使车辆停下来。

(3) 装用自动变速器的车辆,D挡没有发动机制动作用。应将操纵杆拨到2挡或1挡位置,此时具有发动机制动作用,再利用手刹车将车停住。

(4) 如果强制减挡失败,汽车面临失控的危险,可熄火并将变速器挂入最低挡。还可以利用车体与路旁的山体或路侧护栏摩擦力使车辆减速。

2. 注意事项

(1) 遇到制动失灵,不能心慌意乱猛拉手刹车。因为轿车的手刹车一般都是钢丝连接制动器,如果用力过猛,很容易将钢丝拉断。货车的手刹也只是利用后轮制动,如果松开过猛,容易使制动蹄片瞬间烧坏,失去仅有的制动力。因此,要缓慢加力,反复轻拉。

(2) 遇有刹车失灵时要及时打开危险警告灯,以警示其他车辆注意避让。

(3) 不要放空挡或熄火。强制减挡过程中注意把握换挡时机。

(4) 平时应养成一个习惯,就是在即将下坡时,有意识地踩一脚刹车,以确定制动性能的好坏。

二、转向失灵

1. 处理方法

（1）尽快制动停车，使车辆在尽可能短的时间停下来。

（2）打开危险警告灯，鸣喇叭，提醒路上车辆和行人注意。

2. 注意事项

车辆高速行驶时转向失灵，如果不是防抱死刹车系统应采用间断制动法，使车辆在尽可能短的时间里停下来，不能急刹车，以防车辆发生侧滑翻车。

三、轮胎突爆和车轮脱落

1. 处理方法

（1）前轮爆胎时，车辆会突然偏向爆胎的一侧。此时驾驶人不要惊慌，要用力稳住方向盘。同时缓慢制动，将车辆驶离主路，千万不要紧急制动，以免车辆甩尾或翻车。

（2）后轮爆胎时，车的尾部会摇摆、震颤，此时驾驶人要用力稳住方向盘，一般比前轮爆胎容易控制方向。同时缓慢刹车，注意不要急刹车。

（3）车轮在行驶中脱落比轮胎突爆更加危险，此时整车会失去平衡，并可能发生回转。遇到这种险情，应立即采取紧急制动，并把转向盘转向汽车回转的相反方向。

2. 注意事项

（1）轮胎突爆时，避免紧急刹车制动，否则后果可能更加严重。

（2）驾驶人应沉着冷静，尽最大努力控制方向。

（3）车轮脱落的后果很严重，特别是前轮脱落，车辆将失控或者翻车。

四、汽车在铁轨上突然熄火

1. 处理方法

（1）组织乘车人员迅速下车，用人力将车推至安全区。

（2）调用其他车辆将故障车拖走。

（3）挂入一挡或倒挡，借助启动机的动力或用手摇柄摇转曲轴，将车驶离道口。

（4）以上办法均不能奏效时，设法告知火车驾驶人，采取紧急制动措施，以减小撞车的可能性。

2. 注意事项

当车辆在火车行驶区域内，因车辆故障或驾驶失误等原因突然熄火，一时发动不着。此时，驾驶人首先的任务不是去排除故障，而是设法使汽车迅速离开轨道，以免汽车与火车相撞。

五、途中熄火

1. 处理方法

（1）车辆途中熄火，应利用车辆行驶的惯性，将车辆尽快驶到路边安全地带停车，打开危险报警灯并设立警示牌。

（2）检查熄火原因，先看是否因为油箱燃油耗尽。如果是燃油耗尽则想办法加油即可，如不是则需要对机械和电气系统进行检测维修。如果自己不能解决故障，要尽快联系修理厂。

2. 注意事项

车辆熄火后，将使操纵装置中的刹车和转向系统的功能受到影响，使转向沉重。失去真空助力后，制动效能降低。驾驶人操纵方向盘和踩刹车时一定要用力。

六、车辆发生火灾

1. 处理方法

（1）车辆自燃可能发生在行车途中，也可能发生在停车时。一般途中发生自燃，驾驶人应立即靠边停车、熄火，将乘客疏散到安全地带，然后利用随车灭火器进行灭火。如果在停车时发现自燃，先打119火警电话报警，根据火势情况确定是否靠近扑救。

（2）车辆着火时如果车门无法打开，将风窗玻璃打碎出去。当火焰逼近自己，无法躲避时，应用身体猛压火焰，冲出一条路。

（3）发生因撞车、翻车等车祸而引起的火灾时，应首先抢救伤员，然后对汽车采取有效的扑救措施。

2. 注意事项

（1）车辆发生火灾一般蔓延速度较快，要第一时间救人，然后根据具体情况抢救货物。

（2）车辆发生火灾时，一定要注意油箱可能爆炸，在人员没受到伤害的情况下，不要盲目靠近扑火。

七、车辆落水

1. 处理方法

（1）汽车在坠河下落过程中，一旦汽车掉进水里，应迅速判断水面的方向，估计水的深度，判断水是否能淹没车体。如果水不很深，驾驶室不会被完全淹没，应待车停稳后，再设法从安全的出处脱离车辆。

（2）如果水很深，估计驾驶室会被淹没。当车内和车外水压基本平衡或驾驶室内水将要淹没头顶时，再深吸一口气，推门而出；如果门推不开，就摇下车窗玻璃；如车窗玻璃摇不下来，就用脚将玻璃踢碎后，从车窗爬出，脱离车辆。

2. 注意事项

（1）车辆在下沉过程中不要急于打开车门和车窗玻璃。因为驾驶室内没进满水之前，车门外水压力很大，车门是难以推开的，即使推开或砸碎车窗玻璃强大的水流将向车内灌注，人也难以爬出车外。

（2）在水从各孔、缝向车内灌入过程中，要观察一下选择从哪个门、窗逃出，同时深呼吸几次，做好憋气潜水的准备，手抓好车门把手或车窗玻璃摇把，做好开门或开窗的准备。

八、汽车将要相撞

1. 处理方法

（1）车辆在将要发生正面相撞时，为减轻事故损害程度，在车辆即将发生相撞的一刹那间，驾驶人应迅速判断可能撞击的方位和力量。如果撞击的方位不在驾驶人一侧或撞击力量较小时，驾驶人应用手臂用力支撑转向盘，两腿向前蹬直，身体向后倾斜，头向后仰，以此形成与撞击时产生的较大惯性力方向相反的力，保持身体平衡，防止撞击时身体向前撞击转向盘，头部撞到挡风玻璃上受伤，扩大事故的危害程度。

（2）如果判断撞击的部位临近驾驶座位或撞击力较大时，驾驶人要迅速躲开转向盘，往副驾驶座位上移动，同时将两腿抬起。因为车体相撞时，发动机部位和转向盘都会产生大的后移。若驾驶人躲避不及时，胸部、腹部就可能被转向盘挤压，遭受伤亡。

（3）如果发现侧面有车向自己的车冲来，将要发生侧面相撞时，应立即顺车转向，努力争取使侧面相撞变成碰擦，以减小损伤程度。如果自己驾驶的是载货汽车，应向来车行进方向猛打几下转向盘，及时调转车头，让车身部位与来车相撞。

（4）如果侧面来车正向驾驶人座位方向冲来，在无法避开时，驾驶人应迅速往驾驶室另一侧移动，同时用手拉着转向盘，以便控制方向，并借助转向盘稳住自己的身体。

2. 注意事项

车辆即将相撞时，驾驶人都会因紧张而不知所措，切忌忙中出错，使事故后果更加严重。

九、汽车倾翻

1. 处理方法

（1）当汽车侧翻时，驾驶人应尽快从未受压一侧的驾驶室门出来，载人的客车，应组织乘客从可以打开的车门按顺序下车以避开危险。如果车内载有货物，应将货物卸到车后路边上。设法将车身放正，有条件的可以找来吊车协助。如果没有条件，可利用木杠撬抬，同时在另一侧用绳索牵拉，使车身端正。也可用千斤顶在侧翻的一侧顶抬，当千斤顶将车身升起一点后，用砖、石、木等物塞垫，然后再用千斤顶顶升车身，再用物体塞垫，如此反复，直到可用其他方法放正车身为止。

（2）当汽车将要翻车时，驾驶人应紧紧抓住转向盘，两脚钩住踏板，使身体固定，随着车体翻转。如果车辆向深沟滚翻，应迅速趴在座椅下，抓住转向柱或踏板，身体夹在变速杆和座垫中，稳住身体，避免身体在驾驶室里滚动而受伤。翻车时，驾驶人不可顺着翻车的方向跳车，防止跳出车外被车体重新压上，而应向车辆运行方向的后方或翻转方向相反方向跳跃。

（3）翻车时若感到不可避免地要被抛出车外，应在被抛出车厢的瞬间，猛蹬双腿，增向外抛出的力量，以增大离开危险区的距离。落地时，用双手抱头顺势向惯性力的方向跑动或滚动一段距离，以减轻落地的重量，躲开车体。

（4）翻车后，燃油极易外泄，此时应避免一切明火，并及时切断汽车电源，卸下蓄电池，放出油箱内的燃油，用容器装好，以防引起火灾。然后找来吊车协助将车辆吊起扶正。用拖车将车辆拖到修理厂修理。

2．注意事项

（1）当驾驶人或乘客从侧翻的车辆里出来时，要注意车辆的平衡状况。避免车辆失去平衡再次伤人。

（2）如果驾驶人和乘客系好了安全带，翻车后不要轻易解开，以免身体脱离座椅而受伤。

本章小结 ▶▶

本章介绍的汽车道路驾驶的一般方法，是作为一名合格的汽车驾驶员必须了解和掌握的基本技能。本章重点讲述了汽车一般道路驾驶方法，高速公路驾驶方法，预见性驾驶方法，以及复杂道路和特殊环境驾驶方法，危险情况处理方法等。通过本章的学习，使学生对汽车驾驶的应用知识和技能有更深入的了解和掌握。

思考题 ▶▶

1. 在场内道路练习一般道路驾驶技能，掌握会车、超车、让车、跟车等驾驶技巧。
2. 利用驾驶模拟器练习复杂道路驾驶当中的城市道路驾驶和山区道路驾驶技术。
3. 利用驾驶模拟器练习高速公路驾驶技术。
4. 根据预见性驾驶和危险情况处理知识在驾驶模拟器上练习综合路况驾驶技能。

第七章 机动车驾驶证申办与考试

学习目标

1．掌握科目一、科目二、科目三的考试内容及合格标准。
2．掌握科目一、科目二、科目三的考试方法与评判标准。
3．了解科目一、科目二、科目三考试的相关规定。

第一节 考试内容与合格标准

机动车驾驶证考试科目分为三大类：科目一为道路交通安全法律、法规和相关知识考试科目；科目二为场地驾驶技能考试科目；科目三为道路驾驶技能和安全文明常识考试科目。

一、科目一考试内容与合格标准

1．考试内容
（1）道路通行规定；
（2）交通信号及其含义；
（3）交通安全违法行为和交通事故处理；
（4）机动车驾驶证申领和使用；
（5）机动车登记等规定以及其他道路交通安全法律、法规和规章。

2．合格标准
满分为100分，成绩达到90分及以上的为合格。

二、科目二考试内容与合格标准

1．考试内容
（1）大型客车、牵引车、城市公交车、中型客车、大型货车考试桩考、坡道定点停车和起步、侧方停车、通过单边桥、曲线行驶、直角转弯、通过限宽门、通过连续障碍、起伏路行驶、窄路掉头,以及模拟高速公路、连续急弯山区路、隧道、雨(雾)天、湿滑路、紧急情况处置;

(2)小型汽车、小型自动挡汽车、残疾人专用小型自动挡载客汽车和低速载货汽车考试倒车入库、坡道定点停车和起步、侧方停车、曲线行驶、直角转弯;

(3)三轮汽车、普通三轮摩托车、普通二轮摩托车和轻便摩托车考试桩考、坡道定点停车和起步、通过单边桥;

(4)轮式自行机械车、无轨电车、有轨电车的考试内容由省级公安机关交通管理部门确定。

对第一款第一项、第二项规定的准驾车型,省级公安机关交通管理部门可以根据实际增加考试内容。

2.合格标准

满分为100分。

(1)报考大型客车、牵引车、城市公交车、中型客车、大型货车等准驾车型的,成绩达到90分及以上的为合格;

(2)报考其他准驾车型的,成绩达到80分及以上的为合格。

三、科目三考试内容与合格标准

1.考试内容

(1)道路驾驶技能考试内容

① 大型客车、牵引车、城市公交车、中型客车、大型货车、小型汽车、小型自动挡汽车、低速载货汽车和残疾人专用小型自动挡载客汽车考试上车准备、起步、直线行驶、加减挡位操作、变更车道、靠边停车、直行通过路口、路口左转弯、路口右转弯、通过人行横道线、通过学校区域、通过公共汽车站、会车、超车、掉头、夜间行驶。

② 其他准驾车型的考试内容,由省级公安机关交通管理部门确定。

③ 大型客车、中型客车考试里程不少于20公里,其中白天考试里程不少于10公里,夜间考试里程不少于5公里。

④ 牵引车、城市公交车、大型货车考试里程不少于10公里,其中白天考试里程不少于5公里,夜间考试里程不少于3公里。

⑤ 小型汽车、小型自动挡汽车、低速载货汽车、残疾人专用小型自动挡载客汽车考试里程不少于3公里,并抽取不少于20%进行夜间考试;不进行夜间考试的,应当进行模拟夜间灯光使用考试。

⑥ 对大型客车、牵引车、城市公交车、中型客车、大型货车,省级公安机关交通管理部门应当根据实际增加山区、隧道、陡坡等复杂道路驾驶考试内容。对其他汽车准驾车型,省级公安机关交通管理部门可以根据实际增加考试内容。

（2）安全文明驾驶常识考试内容
① 安全文明驾驶操作要求；
② 恶劣气象和复杂道路条件下的安全驾驶知识；
③ 爆胎等紧急情况下的临危处置方法以及发生交通事故后的处置知识等。

2. 合格标准

科目三道路驾驶技能和安全文明驾驶常识考试满分分别为100分，成绩分别达到90分的为合格。

第二节　考试方法与评判标准

一、综合评判标准

1. 考试时出现下列情形之一的，考试不及格

（1）不按规定使用安全带或者戴安全头盔；
（2）启动发动机时，挡位未置于空挡（驻车挡）；
（3）不按交通信号灯、标志、标线或者民警指挥信号行驶；
（4）车辆行驶中骑轧车道中心实线或者车道边缘实线；
（5）车速超过限速规定；
（6）起步时车辆后溜距离大于30cm；
（7）车辆行驶方向控制差；
（8）驾驶汽车双手同时离开方向盘；
（9）单手控制方向盘时，不能有效、平稳控制行驶方向；
（10）换挡时低头看挡或者连续两次换挡不进；
（11）制动、加速踏板使用错误；
（12）行驶中空挡滑行；
（13）视线离开行驶方向超过2s；
（14）行驶中不能保持安全距离和安全行车；
（15）争道抢行，妨碍其他车辆正常行驶；
（16）因观察、判断或者操作不当出现危险情况；
（17）不按考试员指令驾驶；
（18）违反交通安全法律、法规，考试员认为影响安全驾驶的；
（19）不能熟练掌握牵引车与半挂车安全连接方法。
（20）起步、转向、变更车道、超车、停车前，开转向灯小于3s。

2. 考试时出现下列情形之一的，扣20分

（1）将车辆停在人行横道、网状线内等禁止停车区域；
（2）起步时车辆后溜，但后溜距离小于30cm；

（3）长时间骑轧车道分界线行驶；
（4）转弯时，转、回方向过早、过晚，或者转向角度过大、过小；
（5）不主动避让行人、非机动车；
（6）对可能出现危险的情形未采取减速、鸣喇叭等安全措施。

3．考试时出现下列情形之一的，扣10分
（1）转弯时不使用或错误使用转向灯，转弯后不关闭转向灯的；
（2）驾驶姿势不正确；
（3）操纵转向盘手法不合理；
（4）选择挡位不当，造成车辆低挡高速行驶或者车辆抖动；
（5）起步挂错挡，不能及时纠正；
（6）换挡时发生齿轮撞击；
（7）遇情况时不会合理使用离合器半联动控制车速；
（8）因操作不当造成发动机熄火一次；
（9）不能根据交通情况合理使用喇叭；
（10）不能根据交通情况合理选择行驶车道或者行驶速度；
（11）制动不平顺；
（12）通过积水路面遇行人、非机动车时，有不减速等不文明驾驶行为。

二、科目一考试方法与评判标准

1．考试方法
科目一考试，采用笔试或机考方法。

2．考试题型
科目一考试试题为选择题和判断题两种类型，在全国统一考试题库抽取。

三、科目二考试方法与评判标准

1．考试方法
科目二的考试，采用应考者单独驾驶的方法进行考试。考试场地图形，全国统一，按报考车型选定。场地设置及操作要求见本书第五章。

2．考试车辆要求
（1）大型客车　车长不小于9m的大型普通载客汽车；
（2）牵引车　车长不小于12m的半挂汽车列车；
（3）城市公交车　车长不小于9m的大型普通载客汽车；
（4）中型客车　车长不小于5.8m的中型普通载客汽车；
（5）大型货车　车长不小于9m，轴距不小于5m的重型普通载货汽车；
（6）小型汽车　车长不小于5m的轻型普通载货汽车，或者车长不小于4m的小型普通载货汽车，或者车长不小于4m的轿车；

（7）小型自动挡汽车　车长不小于5m的轻型自动挡普通载货汽车，或者车长不小于4m的小型自动挡普通载客汽车，或者车长不小于4m的自动挡轿车；

（8）普通三轮摩托车　至少有四个速度挡位的普通正三轮摩托车或者普通侧三轮摩托车；

（9）普通二轮摩托车　至少有四个速度挡位的普通二轮摩托车。

其他考试用车的条件，由省级公安机关交通管理部门负责制定。

科目三考试用车应当悬挂明显的考试车标志，安装供考试员使用的副制动装置。

3. C1驾驶证科目二考试评判标准

（1）综合评判标准

① 未系安全带，扣100分；

② 未关好车门，扣100分；

③ 未开转向灯，起步、侧方停车时等操作时应打转向灯，不打扣10分；

④ 熄火1次，扣10分。

（2）定点停车与坡道起步评判标准

① 没有定点停车，扣100分；

② 车辆停止后，汽车前保险杠超过或未到控制线，扣100分；

③ 停车后后溜大于30cm，扣100分；

④ 停车后后溜小于30cm，扣10分；

⑤ 起步未开左转向灯，扣10分；

⑥ 车辆行驶中轧道路边缘实线，扣100分；

⑦ 车辆停止后，前保险杠未到停车线，扣10分；

⑧ 停车时右前轮距边缘线30cm以上但小于50cm，扣10分；

⑨ 车辆停止后，车距离路边缘线大于50cm，扣100分；

⑩ 车辆停止后，未拉紧驻车制动器，扣10分。

⑪ 起步时间超过30s，扣100分。

（3）直角转弯评判标准

① 任一车轮压道路边缘线，扣100分；

② 中途停车，扣100分。

（4）倒车入库评判标准

① 不按照规定路线顺序行驶，扣100分；

② 车轮每触轧道路边缘线一次的没有完全倒入库内，扣100分；

③ 车身出线，扣100分；

④ 超过3.5分钟（210秒），扣100分；

⑤ 中途停车，超过2秒，每次扣5分。

（5）侧方位停车

① 车辆入库停止后，车身出线，扣100分；

② 行驶中车轮触压车道边线，扣10分；

③ 未停车于库内，扣100分；
④ 项目完成时间超过1.5分钟（90秒），扣100分；
⑤ 行驶中车身触碰库位边线，每次扣10分；
⑥ 出库时，不使用或错误使用转向灯，每次扣10分；
⑦ 中途停车超过2秒，每次扣5分。
（6）曲线行驶
① 任一车轮压道路边缘线，扣100分；
② 中途停车，扣100分。

四、科目三考试方法与评判标准

1. 考试方法

科目三道路驾驶技能考试，采用监考人员和应考者同乘考试车（二轮车及无法同乘的车辆除外）的方法进行考试。场内道路驾驶考试的场地图形，全国统一。场地设置及操作要求见本书第五章。

科目三安全文明驾驶常识考试，采用机考或笔试。

2. 考试车辆要求

同科目二考试。

3. C1驾驶证科目三考试评判标准

（1）上车准备
不绕车一周检查安全状况，不合格。
（2）起步
① 未系安全带，不合格；
② 车门未关闭起步，不合格；
③ 不松驻车制动器起步，不合格；
④ 发动机启动后，不及时松开启动开关的（5s），扣10分；
⑤ 操作不当熄火一次，扣10分；
⑥ 未按喇叭，扣5分；
⑦ 未打转向灯，扣10分；
⑧ 车辆发生闯动，扣5分；
⑨ 发动机转速大于2000转，扣5分。
（3）加减挡位操作
① 未按指令平稳加减挡的，不合格；
② 车辆运行速度和挡位不匹配的，扣10分。
（4）变更车道
① 未打转向灯变更车道，扣10分；
② 转向灯打开错误变更车道（双闪），扣10分；
③ 变更车道时，控制行驶速度不合理，妨碍其他车辆正常行驶的，不合格。

（5）靠边停车
① 未拉紧驻车制动器的，扣10分；
② 拉紧驻车制动器之前放松行车制动器踏板的，扣10分。
③ 需要下车的，在打开车门前不回头观察左后方交通情况的，不合格。
（6）通过路口、人行横道、学校区域和公共汽车站；
不按照规定减速慢行的，不合格。
（7）掉头
掉头前未发出掉头信号的，不合格。
（8）夜间行驶
① 不能正确开启灯光的，不合格；
② 通过路口时使用远光灯的，不合格。

第三节　考试规定

一、组织方法

考试顺序按照科目一、科目二、科目三依次进行，前一科目考试合格后，方准参加后一科目的考试。科目三道路驾驶技能考试合格后，方准参加安全文明驾驶常识考试。

初次申请机动车驾驶证或者申请增加准驾车型的，科目一考试合格后，车辆管理所应当在一日内核发驾驶技能准考证明。驾驶技能准考证明的有效期为三年。申请人应当在有效期内完成科目二和科目三考试。未在有效期内完成考试的，已考试合格的科目成绩作废。

二、考试预约

初次申请机动车驾驶证或者申请增加准驾车型的，申请人预约考试科目二，应当符合下列规定：

（1）报考小型汽车、小型自动挡汽车、低速载货汽车、三轮汽车、普通三轮摩托车、普通二轮摩托车、轻便摩托车、轮式自行机械车、无轨电车、有轨电车准驾车型的，在取得驾驶技能准考证明满十日后预约考试；

（2）报考大型客车、牵引车、城市公交车、中型客车、大型货车准驾车型的，在取得驾驶技能准考证明满二十日后预约考试。

初次申请机动车驾驶证或者申请增加准驾车型的，申请人预约考试科目三，应当符合下列规定：

（1）报考低速载货汽车、三轮汽车、轮式自行机械车、无轨电车、有轨电车准驾车型的，在取得驾驶技能准考证明满二十日后预约考试；

（2）报考小型汽车、小型自动挡汽车、残疾人专用小型自动挡载客汽车准驾车型的，在取得驾驶技能准考证明满三十日后预约考试；

（3）报考大型客车、牵引车、城市公交车、中型客车、大型货车准驾车型的，在取得驾驶技能准考证明满四十日后预约考试。

三、其他规定

（1）持军队、武装警察部队或者境外机动车驾驶证申请机动车驾驶证的，应当自车辆管理所受理之日起三年内完成科目考试。

（2）申请人因故不能按照预约时间参加考试的，应当提前一日申请取消预约。对申请人未按照预约考试时间参加考试的，判定该次考试不合格。

（3）每个科目考试一次，考试不合格的，可以补考一次。不参加补考或者补考仍不合格的，本次考试终止，申请人应当重新预约考试，但科目二、科目三考试应当在十日后预约。科目三安全文明驾驶常识考试不合格的，已通过的道路驾驶技能考试成绩有效。

在驾驶技能准考证明有效期内，科目二和科目三道路驾驶技能考试预约考试的次数不得超过五次。第五次预约考试仍不合格的，已考试合格的其他科目成绩作废。

（4）从事考试工作的人员，应当持有省级公安机关交通管理部门颁发的考试员证书。

考试员应当认真履行考试职责，严格按照规定考试，接受社会监督。在考试前应当自我介绍，讲解考试要求，核实申请人身份；考试中应当严格执行考试程序，按照考试项目和考试标准评定考试成绩；考试后应当当场公布考试成绩，讲评考试不合格原因。

每个科目的考试成绩单应当有申请人和考试员的签名。未签名的不得核发机动车驾驶证。

（5）考试员应当严格遵守考试工作纪律，不得为不符合机动车驾驶许可条件、未经考试、考试不合格人员签注合格考试成绩，不得减少考试项目、降低评判标准或者参与、协助、纵容考试作弊，不得参与或者变相参与驾驶培训机构经营活动，不得收取驾驶培训机构、教练员、申请人的财物。

（6）考试场地建设、路段设置、车辆配备、设施配置以及考试项目、评判要求应当符合相关标准。

本章小结

本章主要介绍了申办机动车驾驶证考试的内容、考试方法、合格标准、评判标准以及考试相关规定。通过本章的学习，使学生知道申办机动车驾驶证的程序、考试内容、合格标准和评判标准，为将来考取机动车驾驶打下基础。

思考题

1. 科目一、科目三的考试内容及合格标准。
2. 科目二考试的内容和意义是什么？
3. 考试预约在时间间隔上都有哪些规定？

附 录

机动车驾驶证申领和使用规定（2016）

目 录

第一章　总则
第二章　机动车驾驶证申请
　第一节　机动车驾驶证
　第二节　申请
第三章　机动车驾驶人考试
　第一节　考试内容和合格标准
　第二节　考试要求
　第三节　考试监督管理
第四章　发证、换证、补证
第五章　机动车驾驶人管理
　第一节　记分
　第二节　审验
　第三节　监督管理
　第四节　校车驾驶人管理
第六章　法律责任
第七章　附则

第一章　总　则

第一条　根据《中华人民共和国道路交通安全法》及其实施条例、《中华人民共和国行政许可法》，制定本规定。

第二条　本规定由公安机关交通管理部门负责实施。

省级公安机关交通管理部门负责本省（自治区、直辖市）机动车驾驶证业务工作的指导、检查和监督。直辖市公安机关交通管理部门车辆管理所、设区的市或者相当于同级的公安机关交通管理部门车辆管理所负责办理本行政辖区内机动车驾驶证业务。

县级公安机关交通管理部门车辆管理所可以办理本行政辖区内低速载货汽车、三轮汽车、摩托车驾驶证业务，以及其他机动车驾驶证换发、补发、审验、提交身体条件证明等业务。条件具备的，可以办理小型汽车、小型自动挡汽车、残疾人专用小型自动挡载客汽车驾驶证业务，以及其他机动车驾驶证的道路交通安全法律、法规和相关知识考试业务。具体业务范围和办理条件由省级公安机关交通管理部门确定。

第三条 车辆管理所办理机动车驾驶证业务，应当遵循严格、公开、公正、便民的原则。

车辆管理所办理机动车驾驶证业务，应当依法受理申请人的申请，审核申请人提交的材料。对符合条件的，按照规定的标准、程序和期限办理机动车驾驶证。对申请材料不齐全或者不符合法定形式的，应当一次书面告知申请人需要补正的全部内容。对不符合条件的，应当书面告知理由。

车辆管理所应当将法律、行政法规和本规定的有关办理机动车驾驶证的事项、条件、依据、程序、期限以及收费标准、需要提交的全部材料的目录和申请表示范文本等在办公场所公示。

省级、设区的市或者相当于同级的公安机关交通管理部门应当在互联网上建立主页，发布信息，便于群众查阅办理机动车驾驶证的有关规定，查询驾驶证使用状态、交通违法及记分等情况，下载、使用有关表格。

第四条 申请办理机动车驾驶证业务的人，应当如实向车辆管理所提交规定的材料，如实申告规定的事项，并对其申请材料实质内容的真实性负责。

第五条 公安机关交通管理部门应当建立对车辆管理所办理机动车驾驶证业务的监督制度，加强对驾驶人考试、驾驶证核发和使用的监督管理。

第六条 车辆管理所应当使用机动车驾驶证计算机管理系统核发、打印机动车驾驶证，不使用计算机管理系统核发、打印的机动车驾驶证无效。

机动车驾驶证计算机管理系统的数据库标准和软件全国统一，能够完整、准确地记录和存储申请受理、科目考试、机动车驾驶证核发等全过程和经办人员信息，并能够实时将有关信息传送到全国公安交通管理信息系统。

第七条 车辆管理所应当使用互联网交通安全综合服务管理平台，按规定办理机动车驾驶证业务。

互联网交通安全综合服务管理平台信息管理系统数据库标准和软件全国统一。

申请人使用互联网交通安全综合服务管理平台办理机动车驾驶证业务的，经过身份验证后，可以通过网上提交申请。

第二章 机动车驾驶证申请

第一节 机动车驾驶证

第八条 驾驶机动车，应当依法取得机动车驾驶证。

第九条 机动车驾驶人准予驾驶的车型顺序依次分为：大型客车、牵引车、城市公交车、中型客车、大型货车、小型汽车、小型自动挡汽车、低速载货汽车、三轮汽车、残疾人专用小型自动挡载客汽车、普通三轮摩托车、普通二轮摩托车、轻便摩托车、轮式自行机械车、无轨电车和有轨电车（附件1）。

第十条 机动车驾驶证记载和签注以下内容：

（一）机动车驾驶人信息：姓名、性别、出生日期、国籍、住址、身份证明号码（机动车驾驶证号码)、照片；

(二)车辆管理所签注内容：初次领证日期、准驾车型代号、有效期限、核发机关印章、档案编号。

第十一条 机动车驾驶证有效期分为六年、十年和长期。

第二节 申 请

第十二条 申请机动车驾驶证的人，应当符合下列规定：

(一)年龄条件：

1. 申请小型汽车、小型自动挡汽车、残疾人专用小型自动挡载客汽车、轻便摩托车准驾车型的，在18周岁以上，70周岁以下；

2. 申请低速载货汽车、三轮汽车、普通三轮摩托车、普通二轮摩托车或者轮式自行机械车准驾车型的，在18周岁以上，60周岁以下；

3. 申请城市公交车、大型货车、无轨电车或者有轨电车准驾车型的，在20周岁以上，50周岁以下；

4. 申请中型客车准驾车型的，在21周岁以上，50周岁以下；

5. 申请牵引车准驾车型的，在24周岁以上，50周岁以下；

6. 申请大型客车准驾车型的，在26周岁以上，50周岁以下；

7. 接受全日制驾驶职业教育的学生，申请大型客车、牵引车准驾车型的，在20周岁以上，50周岁以下。

(二)身体条件：

1. 身高：申请大型客车、牵引车、城市公交车、大型货车、无轨电车准驾车型的，身高为155厘米以上；申请中型客车准驾车型的，身高为150厘米以上；

2. 视力：申请大型客车、牵引车、城市公交车、中型客车、大型货车、无轨电车或者有轨电车准驾车型的，两眼裸视力或者矫正视力达到对数视力表5.0以上。申请其他准驾车型的，两眼裸视力或者矫正视力达到对数视力表4.9以上。单眼视力障碍，优眼裸视力或者矫正视力达到对数视力表5.0以上，且水平视野达到150度的，可以申请小型汽车、小型自动挡汽车、低速载货汽车、三轮汽车、残疾人专用小型自动挡载客汽车准驾车型的机动车驾驶证；

3. 辨色力：无红绿色盲；

4. 听力：两耳分别距音叉50厘米能辨别声源方向。有听力障碍但佩戴助听设备能够达到以上条件的，可以申请小型汽车、小型自动挡汽车准驾车型的机动车驾驶证；

5. 上肢：双手拇指健全，每只手其他手指必须有三指健全，肢体和手指运动功能正常。但手指末节残缺或者左手有三指健全，且双手手掌完整的，可以申请小型汽车、小型自动挡汽车、低速载货汽车、三轮汽车准驾车型的机动车驾驶证；

6. 下肢：双下肢健全且运动功能正常，不等长度不得大于5厘米。但左下肢缺失或者丧失运动功能的，可以申请小型自动挡汽车准驾车型的机动车驾驶证；

7. 躯干、颈部：无运动功能障碍；

8. 右下肢、双下肢缺失或者丧失运动功能但能够自主坐立，且上肢符合本项第5目规定的，可以申请残疾人专用小型自动挡载客汽车准驾车型的机动车驾驶证。一只手掌缺失，另一只手拇指健全，其他手指有两指健全，上肢和手指运动功能正常，且下肢符合本项第6目规定的，可以申请残疾人专用小型自动挡载客汽车准驾车型的机动车驾驶证。

第十三条 有下列情形之一的,不得申请机动车驾驶证:

(一)有器质性心脏病、癫痫病、美尼尔氏症、眩晕症、癔病、震颤麻痹、精神病、痴呆以及影响肢体活动的神经系统疾病等妨碍安全驾驶疾病的;

(二)三年内有吸食、注射毒品行为或者解除强制隔离戒毒措施未满三年,或者长期服用依赖性精神药品成瘾尚未戒除的;

(三)造成交通事故后逃逸构成犯罪的;

(四)饮酒后或者醉酒驾驶机动车发生重大交通事故构成犯罪的;

(五)醉酒驾驶机动车或者饮酒后驾驶营运机动车依法被吊销机动车驾驶证未满五年的;

(六)醉酒驾驶营运机动车依法被吊销机动车驾驶证未满十年的;

(七)因其他情形依法被吊销机动车驾驶证未满二年的;

(八)驾驶许可依法被撤销未满三年的;

(九)法律、行政法规规定的其他情形。

未取得机动车驾驶证驾驶机动车,有第一款第五项至第七项行为之一的,在规定期限内不得申请机动车驾驶证。

第十四条 初次申领机动车驾驶证的,可以申请准驾车型为城市公交车、大型货车、小型汽车、小型自动挡汽车、低速载货汽车、三轮汽车、残疾人专用小型自动挡载客汽车、普通三轮摩托车、普通二轮摩托车、轻便摩托车、轮式自行机械车、无轨电车、有轨电车的机动车驾驶证。

已持有机动车驾驶证,申请增加准驾车型的,可以申请增加的准驾车型为大型客车、牵引车、城市公交车、中型客车、大型货车、小型汽车、小型自动挡汽车、低速载货汽车、三轮汽车、普通三轮摩托车、普通二轮摩托车、轻便摩托车、轮式自行机械车、无轨电车、有轨电车。

第十五条 已持有机动车驾驶证,申请增加准驾车型的,应当在本记分周期和申请前最近一个记分周期内没有记满12分记录。申请增加中型客车、牵引车、大型客车准驾车型的,还应当符合下列规定:

(一)申请增加中型客车准驾车型的,已取得驾驶城市公交车、大型货车、小型汽车、小型自动挡汽车、低速载货汽车或者三轮汽车准驾车型资格三年以上,并在申请前最近连续三个记分周期内没有记满12分记录;

(二)申请增加牵引车准驾车型的,已取得驾驶中型客车或者大型货车准驾车型资格三年以上,或者取得驾驶大型客车准驾车型资格一年以上,并在申请前最近连续三个记分周期内没有记满12分记录;

(三)申请增加大型客车准驾车型的,已取得驾驶城市公交车、中型客车或者大型货车准驾车型资格五年以上,或者取得驾驶牵引车准驾车型资格二年以上,并在申请前最近连续五个记分周期内没有记满12分记录。

正在接受全日制驾驶职业教育的学生,已在校取得驾驶小型汽车准驾车型资格,并在本记分周期和申请前最近一个记分周期内没有记满12分记录的,可以申请增加大型客车、牵引车准驾车型。

第十六条 有下列情形之一的,不得申请大型客车、牵引车、城市公交车、中型客车、大型货车准驾车型:

(一)发生交通事故造成人员死亡,承担同等以上责任的;

(二)醉酒后驾驶机动车的;

(三)被吊销或者撤销机动车驾驶证未满十年的。

第十七条 持有军队、武装警察部队机动车驾驶证,或者持有境外机动车驾驶证,符合本规定的申请条件，可以申请相应准驾车型的机动车驾驶证。

第十八条 申领机动车驾驶证的人，按照下列规定向车辆管理所提出申请：

（一）在户籍所在地居住的，应当在户籍所在地提出申请；

（二）在户籍所在地以外居住的，可以在居住地提出申请；

（三）现役军人（含武警），应当在居住地提出申请；

（四）境外人员，应当在居留地或者居住地提出申请；

（五）申请增加准驾车型的，应当在所持机动车驾驶证核发地提出申请；

（六）接受全日制驾驶职业教育，申请增加大型客车、牵引车准驾车型的，应当在接受教育地提出申请。

第十九条 初次申请机动车驾驶证，应当填写申请表，并提交以下证明：

申请人的身份证明；（二）县级或者部队团级以上医疗机构出具的有关身体条件的证明。属于申请残疾人专用小型自动挡载客汽车的，应当提交经省级卫生主管部门指定的专门医疗机构出具的有关身体条件的证明。

第二十条 申请增加准驾车型的，应当填写申请表，提交第十九条规定的证明和所持机动车驾驶证。属于接受全日制驾驶职业教育，申请增加大型客车、牵引车准驾车型的，还应当提交学校出具的学籍证明。

第二十一条 持军队、武装警察部队机动车驾驶证的人申请机动车驾驶证，应当填写申请表，并提交以下证明、凭证：

（一）申请人的身份证明。属于复员、转业、退伍的人员，还应当提交军队、武装警察部队核发的复员、转业、退伍证明；

（二）县级或者部队团级以上医疗机构出具的有关身体条件的证明；

（三）军队、武装警察部队机动车驾驶证。

第二十二条 持境外机动车驾驶证的人申请机动车驾驶证，应当填写申请表，并提交以下证明、凭证：

（一）申请人的身份证明；

（二）县级以上医疗机构出具的有关身体条件的证明。属于外国驻华使馆、领馆人员及国际组织驻华代表机构人员申请的，按照外交对等原则执行；

（三）所持机动车驾驶证。属于非中文表述的，还应当出具中文翻译文本。

申请人属于内地居民的，还应当提交申请人的护照或者《内地居民往来港澳通行证》、《大陆居民往来台湾通行证》。

第二十三条 实行小型汽车、小型自动挡汽车驾驶证自学直考的地方，申请人可以使用加装安全辅助装置的自备机动车，在具备安全驾驶经历等条件的人员随车指导下，按照公安机关交通管理部门指定的路线、时间学习驾驶技能，按照第十九条或者第二十条的规定申请相应准驾车型的驾驶证。小型汽车、小型自动挡汽车驾驶证自学直考管理制度由公安部另行规定。

第二十四条 申请机动车驾驶证的人，符合本规定要求的驾驶许可条件，具有下列情形之一的可以按照第十四条第一款和第十九条的规定直接申请相应准驾车型的机动车驾驶证考试：

（一）原机动车驾驶证因超过有效期未换证被注销的；

（二）原机动车驾驶证因未提交身体条件证明被注销的；

（三）原机动车驾驶证由本人申请注销的；

（四）原机动车驾驶证因身体条件暂时不符合规定被注销的；

（五）原机动车驾驶证因其他原因被注销的，但机动车驾驶证被吊销或者被撤销的除外；

（六）持有的军队、武装警察部队机动车驾驶证超过有效期的；

（七）持有的境外机动车驾驶证超过有效期的。

有前款第六项、第七项规定情形之一的，还应当提交超过有效期的机动车驾驶证。

第二十五条 申请人提交的证明、凭证齐全、符合法定形式的，车辆管理所应当受理，并按规定审核申请人的机动车驾驶证申请条件。属于第二十二条第二款规定情形的，还应当核查申请人的出入境记录；属于第二十四条第一款第一项至第五项规定情形之一的，还应当核查申请人的驾驶经历。

对于符合申请条件的，车辆管理所应当按规定安排预约考试；不需要考试的，一日内核发机动车驾驶证。

第二十六条 车辆管理所对申请人的申请条件及提交的材料、申告的事项有疑义的，可以对实质内容进行调查核实。

调查时，应当询问申请人并制作询问笔录，向证明、凭证的核发机关核查。

经调查，申请人不符合申请条件的，不予办理；有违法行为的，依法予以处理。

第三章 机动车驾驶人考试

第一节 考试内容和合格标准

第二十七条 机动车驾驶人考试内容分为道路交通安全法律、法规和相关知识考试科目（以下简称"科目一"）、场地驾驶技能考试科目（以下简称"科目二"）、道路驾驶技能和安全文明驾驶常识考试科目（以下简称"科目三"）。

第二十八条 考试内容和合格标准全国统一，根据不同准驾车型规定相应的考试项目。

第二十九条 科目一考试内容包括：道路通行、交通信号、交通安全违法行为和交通事故处理、机动车驾驶证申领和使用、机动车登记等规定以及其他道路交通安全法律、法规和规章。

第三十条 科目二考试内容包括：

（一）大型客车、牵引车、城市公交车、中型客车、大型货车考试桩考、坡道定点停车和起步、侧方停车、通过单边桥、曲线行驶、直角转弯、通过限宽门、通过连续障碍、起伏路行驶、窄路掉头，以及模拟高速公路、连续急弯山区路、隧道、雨（雾）天、湿滑路、紧急情况处置；

（二）小型汽车、小型自动挡汽车、残疾人专用小型自动挡载客汽车和低速载货汽车考试倒车入库、坡道定点停车和起步、侧方停车、曲线行驶、直角转弯；

（三）三轮汽车、普通三轮摩托车、普通二轮摩托车和轻便摩托车考试桩考、坡道定点停车和起步、通过单边桥；

（四）轮式自行机械车、无轨电车、有轨电车的考试内容由省级公安机关交通管理部门确定。

对第一款第一项、第二项规定的准驾车型，省级公安机关交通管理部门可以根据实际增加考试内容。

第三十一条 科目三道路驾驶技能考试内容包括：大型客车、牵引车、城市公交车、中型客车、大型货车、小型汽车、小型自动挡汽车、低速载货汽车和残疾人专用小型自动挡载客汽车考试上车准备、起步、直线行驶、加减挡位操作、变更车道、靠边停车、直行通过路口、路口左转弯、路口右转弯、通过人行横道线、通过学校区域、通过公共汽车站、会车、超车、掉头、夜间行驶；其他准驾车型的考试内容，由省级公安机关交通管理部门确定。

大型客车、中型客车考试里程不少于20公里，其中白天考试里程不少于10公里，夜间考试里程不少于5公里。牵引车、城市公交车、大型货车考试里程不少于10公里，其中白天考试里程不少于5公里，夜间考试里程不少于3公里。小型汽车、小型自动挡汽车、低速载货汽车、残疾人专用小型自动挡载客汽车考试里程不少于3公里，在白天考试时，应当进行模拟夜间灯光考试。

对大型客车、牵引车、城市公交车、中型客车、大型货车，省级公安机关交通管理部门应当根据实际增加山区、隧道、陡坡等复杂道路驾驶考试内容。对其他汽车准驾车型，省级公安机关交通管理部门可以根据实际增加考试内容。

第三十二条　科目三安全文明驾驶常识考试内容包括：安全文明驾驶操作要求、恶劣气象和复杂道路条件下的安全驾驶知识、爆胎等紧急情况下的临危处置方法以及发生交通事故后的处置知识等。

第三十三条　持军队、武装警察部队机动车驾驶证的人申请大型客车、牵引车、城市公交车、中型客车、大型货车准驾车型机动车驾驶证的，应当考试科目一和科目三；申请其他准驾车型机动车驾驶证的，免予考试核发机动车驾驶证。

第三十四条　持境外机动车驾驶证申请机动车驾驶证的，应当考试科目一。申请准驾车型为大型客车、牵引车、城市公交车、中型客车、大型货车机动车驾驶证的，还应当考试科目三。

内地居民持有境外机动车驾驶证，取得该机动车驾驶证时在核发国家或者地区连续居留不足三个月的，应当考试科目一、科目二和科目三。

属于外国驻华使馆、领馆人员及国际组织驻华代表机构人员申请的，应当按照外交对等原则执行。

第三十五条　各科目考试的合格标准为：

（一）科目一考试满分为100分，成绩达到90分的为合格；

（二）科目二考试满分为100分，考试大型客车、牵引车、城市公交车、中型客车、大型货车准驾车型的，成绩达到90分的为合格，其他准驾车型的成绩达到80分的为合格；

（三）科目三道路驾驶技能和安全文明驾驶常识考试满分分别为100分，成绩分别达到90分的为合格。

第二节　考试要求

第三十六条　车辆管理所应当按照预约的考场和时间安排考试。申请人科目一考试合格后，可以预约科目二或者科目三道路驾驶技能考试。有条件的地方，申请人可以同时预约科目二、科目三道路驾驶技能考试，预约成功后可以连续进行考试。科目二、科目三道路驾驶技能考试均合格后，申请人可以当日参加科目三安全文明驾驶常识考试。

申请人预约科目二、科目三道路驾驶技能考试，车辆管理所在六十日内不能安排考试的，可以选择省（自治区、直辖市）内其他考场预约考试。

车辆管理所应当使用全国统一的考试预约系统，采用互联网、电话、服务窗口等方式供申请人预约考试。

第三十七条　初次申请机动车驾驶证或者申请增加准驾车型的，科目一考试合格后，车辆管理所应当在一日内核发学习驾驶证明（附件2）。

属于自学直考的，车辆管理所还应当按规定发放学车专用标识（附件3）。

第三十八条　申请人在场地和道路上学习驾驶，应当按规定取得学习驾驶证明。学习驾驶证明有效期为三年，申请人应当在有效期内完成科目二和科目三考试。未在有效期内完成考试的，已考试合格的科目成绩作废。

学习驾驶证明可以采用纸质或者电子形式，纸质学习驾驶证明和电子学习驾驶证明具有同等力。申请人可以通过互联网交通安全综合服务管理平台打印或者下载学习驾驶证明。

第三十九条 申请人在道路上学习驾驶，应当随身携带学习驾驶证明，使用教练车或者学车专用标识签注的自学用车，在教练员或者学车专用标识签注的指导人员随车指导下，按照公安机关交通管理部门指定的路线、时间进行。

申请人为自学直考人员的，在道路上学习驾驶时，应当在自学用车上按规定放置、粘贴学车专用标识，自学用车不得搭载随车指导人员以外的其他人员。

第四十条 初次申请机动车驾驶证或者申请增加准驾车型的，申请人预约考试科目二，应当符合下列规定：

（一）报考小型汽车、小型自动挡汽车、低速载货汽车、三轮汽车、残疾人专用小型自动挡载客汽车、轮式自行机械车、无轨电车、有轨电车准驾车型的，在取得学习驾驶证明满十日后预约考试；

（二）报考大型客车、牵引车、城市公交车、中型客车、大型货车准驾车型的，在取得学习驾驶证明满二十日后预约考试。

第四十一条 初次申请机动车驾驶证或者申请增加准驾车型的，申请人预约考试科目三，应当符合下列规定：

（一）报考低速载货汽车、三轮汽车、轮式自行机械车、无轨电车、有轨电车准驾车型的，在取得学习驾驶证明满二十日后预约考试；

（二）报考小型汽车、小型自动挡汽车、残疾人专用小型自动挡载客汽车准驾车型的，在取得学习驾驶证明满三十日后预约考试；

（三）报考大型客车、牵引车、城市公交车、中型客车、大型货车准驾车型的，在取得学习驾驶证明满四十日后预约考试。

第四十二条 持军队、武装警察部队或者境外机动车驾驶证申请机动车驾驶证的，应当自车辆管理所受理之日起三年内完成科目考试。

第四十三条 申请人因故不能按照预约时间参加考试的，应当提前一日申请取消预约。对申请人未按照预约考试时间参加考试的，判定该次考试不合格。

第四十四条 每个科目考试一次，考试不合格的，可以补考一次。不参加补考或者补考仍不合格的，本次考试终止，申请人应当重新预约考试，但科目二、科目三考试应当在十日后预约。科目三安全文明驾驶常识考试不合格的，已通过的道路驾驶技能考试成绩有效。

在学习驾驶证明有效期内，科目二和科目三道路驾驶技能考试预约考试的次数不得超过五次。第五次预约考试仍不合格的，已考试合格的其他科目成绩作废。

第四十五条 车辆管理所组织考试前应当使用全国统一的计算机系统当日随机选配考试员，随机安排考生分组，随机选取考试路线。

第四十六条 从事考试工作的人员，应当持有省级公安机关交通管理部门颁发的资格证书。公安机关交通管理部门应当在车辆管理所公安民警中选拔足够数量的专职考试员，可以在公安机关交通管理部门公安民警、文职人员中配置兼职考试员。可以聘用运输企业驾驶人、警风警纪监督员等人员承担考试辅助评判和监督职责。

考试员应当认真履行考试职责，严格按照规定考试，接受社会监督。在考试前应当自我介绍，讲解考试要求，核实申请人身份；考试中应当严格执行考试程序，按照考试项目和考试标准评定考试成绩；考试后应当当场公布考试成绩，讲评考试不合格原因。

每个科目的考试成绩单应当有申请人和考试员的签名。未签名的不得核发机动车驾驶证。

第四十七条 考试员、考试辅助和监管人员及考场工作人员应当严格遵守考试工作纪律，不得为不符合机动车驾驶许可条件、未经考试、考试不合格人员签注合格考试成绩，不得减少考试项目、降低评判标准或者参与、协助、纵容考试作弊，不得参与或者变相参与驾驶培训机构经营活动，不得收取驾驶培训机构、教练员、申请人的财物。

第四十八条　直辖市、设区的市或者相当于同级的公安机关交通管理部门应当根据本地考试需求建设考场，配备足够数量的考试车辆。对考场布局、数量不能满足本地考试需求的，应当采取政府购买服务等方式使用社会考场，并按照公平竞争、择优选定的原则，依法通过公开招标等程序确定。

考试场地建设、路段设置、车辆配备、设施设备配置以及考试项目、评判要求应当符合相关标准。考试场地、考试设备和考试系统应当经省级公安机关交通管理部门验收合格后方可使用。公安机关交通管理部门应当加强对辖区考场的监督管理，定期开展考试场地、考试车辆、考试设备和考场管理情况的监督检查。

第三节　考试监督管理

第四十九条　车辆管理所应当在办事大厅、候考场所和互联网公开各考场的考试能力、预约计划、预约人数和约考结果等情况，公布考场布局、考试路线和流程。考试预约计划应当至少在考试前十日在互联网上公开。

车辆管理所应当在候考场所、办事大厅向群众直播考试视频，考生可以在考试结束后三日内查询自己的考试视频资料。

第五十条　车辆管理所应当对考试过程进行全程录音、录像，并实时监控考试过程，没有使用录音、录像设备的，不得组织考试。严肃考试纪律，规范考场秩序，对考场秩序混乱的，应当中止考试。考试过程中，考试员应当使用执法记录仪记录监考过程。

车辆管理所应当建立音视频信息档案，存储录音、录像设备和执法记录仪记录的音像资料。建立考试质量抽查制度，每日抽查音视频信息档案，发现存在违反考试纪律、考场秩序混乱以及音视频信息缺失或者不完整的，应当进行调查处理。

省级公安机关交通管理部门应当定期抽查音视频信息档案，及时通报、纠正、查处发现的问题。

第五十一条　车辆管理所应当根据考试场地、考试设备、考试车辆、考试员数量等实际情况，核定每个考场、每个考试员每日最大考试量。

车辆管理所应当对驾驶培训机构教练员、教练车、训练场地等情况进行备案。

第五十二条　车辆管理所应当每周通过计算机系统对机动车驾驶人考试和机动车驾驶证业务办理情况进行监控、分析。省级公安机关交通管理部门应当建立全省（自治区、直辖市）机动车驾驶人考试监管系统，每月对机动车驾驶人考试、机动车驾驶证业务办理情况进行监控、分析，及时查处、通报发现的问题。

车辆管理所存在为未经考试或者考试不合格人员核发机动车驾驶证等严重违规办理机动车驾驶证业务情形的，上级公安机关交通管理部门可以暂停该车辆管理所办理相关业务或者指派其他车辆管理所人员接管业务。

第五十三条　直辖市、设区的市或者相当于同级的公安机关交通管理部门应当每月向社会公布车辆管理所考试员考试质量情况、三年内驾龄驾驶人交通违法率和交通肇事率等信息。

直辖市、设区的市或者相当于同级的公安机关交通管理部门应当每月向社会公布辖区内驾驶培训机构的考试合格率、三年内驾龄驾驶人交通违法率和交通肇事率等信息，按照考试合格率对驾驶培训机构培训质量公开排名，并通报培训主管部门。

第五十四条　对三年内驾龄驾驶人发生一次死亡3人以上交通事故且负主要以上责任的，省级安机关交通管理部门应当倒查车辆管理所考试、发证情况，向社会公布倒查结果。对三年内驾龄驾驶人发生一次死亡1至2人的交通事故且负主要以上责任的，直辖市、设区的市或者相当于同级的公安机关交通管理部门应当组织责任倒查。

直辖市、设区的市或者相当于同级的公安机关交通管理部门发现驾驶培训机构及其教练员存在缩短培训学时、减少培训项目以及贿赂考试员、以承诺考试合格等名义向学员索取财物、参与违规办理驾驶证或者考试舞弊行为的，应当通报培训主管部门，并向社会公布。

公安机关交通管理部门发现考场、考试设备生产销售企业存在组织或者参与考试舞弊、伪造或者篡改考试系统数据的，不得继续使用该考场或者采购该企业考试设备；构成犯罪的，依法追究刑事责任。

第四章 发证、换证、补证

第五十五条 申请人考试合格后，应当接受不少于半小时的交通安全文明驾驶常识和交通事故案例警示教育，并参加领证宣誓仪式。

车辆管理所应当在申请人参加领证宣誓仪式的当日核发机动车驾驶证。属于申请增加准驾车型的，应当收回原机动车驾驶证。属于复员、转业、退伍的，应当收回军队、武装警察部队机动车驾驶证。

第五十六条 机动车驾驶人在机动车驾驶证的六年有效期内，每个记分周期均未记满12分的，换发十年有效期的机动车驾驶证；在机动车驾驶证的十年有效期内，每个记分周期均未记满12分的，换发长期有效的机动车驾驶证。

第五十七条 机动车驾驶人应当于机动车驾驶证有效期满前九十日内，向机动车驾驶证核发地或者核发地以外的车辆管理所申请换证。申请时应当填写申请表，并提交以下证明、凭证：

（一）机动车驾驶人的身份证明；

（二）机动车驾驶证；

（三）县级或者部队团级以上医疗机构出具的有关身体条件的证明。属于申请残疾人专用小型自动挡载客汽车的，应当提交经省级卫生主管部门指定的专门医疗机构出具的有关身体条件的证明。

第五十八条 机动车驾驶人户籍迁出原车辆管理所管辖区的，应当向迁入地车辆管理所申请换证。机动车驾驶人在核发地车辆管理所管辖区以外居住的，可以向居住地车辆管理所申请换证。申请时应当填写申请表，提交机动车驾驶人的身份证明和机动车驾驶证，并申报身体条件情况。

第五十九条 年龄在60周岁以上的，不得驾驶大型客车、牵引车、城市公交车、中型客车、大型货车、无轨电车和有轨电车；持有大型客车、牵引车、城市公交车、中型客车、大型货车驾驶证的，应当到机动车驾驶证核发地或者核发地以外的车辆管理所换领准驾车型为小型汽车或者小型自动挡汽车的机动车驾驶证。

年龄在70周岁以上的，不得驾驶低速载货汽车、三轮汽车、普通三轮摩托车、普通二轮摩托车和轮式自行机械车；持有普通三轮摩托车、普通二轮摩托车驾驶证的，应当到机动车驾驶证核发地或者核发地以外的车辆管理所换领准驾车型为轻便摩托车的机动车驾驶证。

申请时应当填写申请表，并提交第五十七条规定的证明、凭证。

机动车驾驶人自愿降低准驾车型的，应当填写申请表，并提交机动车驾驶人的身份证明和机动车驾驶证。

第六十条 具有下列情形之一的，机动车驾驶人应当在三十日内到机动车驾驶证核发地或者核发地以外的车辆管理所申请换证：

（一）在车辆管理所管辖区域内，机动车驾驶证记载的机动车驾驶人信息发生变化的；

（二）机动车驾驶证损毁无法辨认的。

申请时应当填写申请表，并提交机动车驾驶人的身份证明和机动车驾驶证。

第六十一条 机动车驾驶人身体条件发生变化，不符合所持机动车驾驶证准驾车型的条件，但符合准予驾驶的其他准驾车型条件的，应当在三十日内到机动车驾驶证核发地或者核发地以外的车辆管理所申请降低准驾车型。申请时应当填写申请表，并提交机动车驾驶人的身份证明、机动车驾驶证、县级或者部队团级以上医疗机构出具的有关身体条件的证明。

机动车驾驶人身体条件发生变化，不符合第十二条第二项规定或者具有第十三条规定情形之一，不适合驾驶机动车的，应当在三十日内到机动车驾驶证核发地车辆管理所申请注销。申请时应当填写申请表，并提交机动车驾驶人的身份证明和机动车驾驶证。

机动车驾驶人身体条件不适合驾驶机动车的，不得驾驶机动车。

第六十二条 车辆管理所对符合第五十七条至第六十条、第六十一条第一款规定的，应当在一日内换发机动车驾驶证。对符合第六十一条第二款规定的，应当在一日内注销机动车驾驶证。其中，对符合第五十八条至第六十一条规定的，还应当收回原机动车驾驶证。

第六十三条 机动车驾驶证遗失的，机动车驾驶人应当向机动车驾驶证核发地或者核发地以外的车辆管理所申请补发。申请时应当填写申请表，并提交以下证明、凭证：

（一）机动车驾驶人的身份证明；

（二）机动车驾驶证遗失的书面声明。

符合规定的，车辆管理所应当在一日内补发机动车驾驶证。

机动车驾驶人补领机动车驾驶证后，原机动车驾驶证作废，不得继续使用。

机动车驾驶证被依法扣押、扣留或者暂扣期间，机动车驾驶人不得申请补发。

第六十四条 机动车驾驶人向核发地以外的车辆管理所申请办理第五十七条、第五十九条、第六十条、第六十一条第一款、第六十三条规定的换证、补证业务时，应当同时按照第五十八条规定办理。

第五章 机动车驾驶人管理

第一节 记 分

第六十五条 道路交通安全违法行为累积记分周期（即记分周期）为12个月，满分为12分，从机动车驾驶证初次领取之日起计算。

依据道路交通安全违法行为的严重程度，一次记分的分值为：12分、6分、3分、2分、1分五种（附件4）。

第六十六条 对机动车驾驶人的道路交通安全违法行为，处罚与记分同时执行。

机动车驾驶人一次有两个以上违法行为记分的，应当分别计算，累加分值。

第六十七条 机动车驾驶人对道路交通安全违法行为处罚不服，申请行政复议或者提起行政诉讼后，经依法裁决变更或者撤销原处罚决定的，相应记分分值予以变更或者撤销。

第六十八条 机动车驾驶人在一个记分周期内累积记分达到12分的，公安机关交通管理部门应扣留其机动车驾驶证。

机动车驾驶人应当在十五日内到机动车驾驶证核发地或者违法行为地公安机关交通管理部门参

为期七日的道路交通安全法律、法规和相关知识学习。机动车驾驶人参加学习后，车辆管理所应当在二十日内对其进行道路交通安全法律、法规和相关知识考试。考试合格的，记分予以清除，发还机动车驾驶证；考试不合格的，继续参加学习和考试。拒不参加学习，也不接受考试的，由公安机关交通管理部门公告其机动车驾驶证停止使用。

机动车驾驶人在一个记分周期内有两次以上达到12分或者累积记分达到24分以上的，车辆管理所还应当在道路交通安全法律、法规和相关知识考试合格后十日内对其进行道路驾驶技能考试。接受道路驾驶技能考试的，按照本人机动车驾驶证载明的最高准驾车型考试。

第六十九条 机动车驾驶人在一个记分周期内记分未达到12分，所处罚款已经缴纳的，记分予以清除；记分虽未达到12分，但尚有罚款未缴纳的，记分转入下一记分周期。

第二节 审 验

第七十条 机动车驾驶人应当按照法律、行政法规的规定，定期到公安机关交通管理部门接受审验。

机动车驾驶人按照本规定第五十七条、第五十八条换领机动车驾驶证时，应当接受公安机关交通管理部门的审验。

持有大型客车、牵引车、城市公交车、中型客车、大型货车驾驶证的驾驶人，应当在每个记分周期结束后三十日内到公安机关交通管理部门接受审验。但在一个记分周期内没有记分记录的，免予本记分周期审验。

持有本条第三款规定以外准驾车型驾驶证的驾驶人，发生交通事故造成人员死亡承担同等以上责任未被吊销机动车驾驶证的，应当在本记分周期结束后三十日内到公安机关交通管理部门接受审验。

机动车驾驶人可以在机动车驾驶证核发地或者核发地以外的地方参加审验、提交身体条件证明。

第七十一条 机动车驾驶证审验内容包括：
（一）道路交通安全违法行为、交通事故处理情况；
（二）身体条件情况；
（三）道路交通安全违法行为记分及记满12分后参加学习和考试情况。

持有大型客车、牵引车、城市公交车、中型客车、大型货车驾驶证一个记分周期内有记分的，以及持有其他准驾车型驾驶证发生交通事故造成人员死亡承担同等以上责任未被吊销机动车驾驶证的驾驶人，审验时应当参加不少于三小时的道路交通安全法律法规、交通安全文明驾驶、应急处置等知识学习，并接受交通事故案例警示教育。

对交通违法行为或者交通事故未处理完毕的、身体条件不符合驾驶许可条件的、未按照规定参加学习、教育和考试的，不予通过审验。

第七十二条 年龄在70周岁以上的机动车驾驶人，应当每年进行一次身体检查，在记分周期结束后三十日内，提交县级或者部队团级以上医疗机构出具的有关身体条件的证明。

持有残疾人专用小型自动挡载客汽车驾驶证的机动车驾驶人，应当每三年进行一次身体检查，在记分周期结束后三十日内，提交经省级卫生主管部门指定的专门医疗机构出具的有关身体条件的证明。

机动车驾驶人按照本规定第七十条第三款、第四款规定参加审验时，应当申报身体条件情况。

第七十三条 机动车驾驶人因服兵役、出国（境）等原因，无法在规定时间内办理驾驶证期满换证、审验、提交身体条件证明的，可以向机动车驾驶证核发地车辆管理所申请延期办理。申请时应当填写申请表，并提交机动车驾驶人的身份证明、机动车驾驶证和延期事由证明。

延期期限最长不超过三年。延期期间机动车驾驶人不得驾驶机动车。

第三节　监督管理

第七十四条　机动车驾驶人初次申请机动车驾驶证和增加准驾车型后的 12 个月为实习期。

新取得大型客车、牵引车、城市公交车、中型客车、大型货车驾驶证的，实习期结束后三十日内应当参加道路交通安全法律法规、交通安全文明驾驶、应急处置等知识考试，并接受不少于半小时的交通事故案例警示教育。

在实习期内驾驶机动车的，应当在车身后部粘贴或者悬挂统一式样的实习标志（附件 5）。

第七十五条　机动车驾驶人在实习期内不得驾驶公共汽车、营运客车或者执行任务的警车、消防车、救护车、工程救险车以及载有爆炸物品、易燃易爆化学物品、剧毒或者放射性等危险物品的机动车；驾驶的机动车不得牵引挂车。

驾驶人在实习期内驾驶机动车上高速公路行驶，应当由持相应或者更高准驾车型驾驶证三年以上的驾驶人陪同。其中，驾驶残疾人专用小型自动挡载客汽车的，可以由持有小型自动挡载客汽车以上准驾车型驾驶证的驾驶人陪同。

在增加准驾车型后的实习期内，驾驶原准驾车型的机动车时不受上述限制。

第七十六条　持有准驾车型为残疾人专用小型自动挡载客汽车的机动车驾驶人驾驶机动车时，应当按规定在车身设置残疾人机动车专用标志（附件 6）。

有听力障碍的机动车驾驶人驾驶机动车时，应当佩戴助听设备。

第七十七条　机动车驾驶人具有下列情形之一的，车辆管理所应当注销其机动车驾驶证：

（一）死亡的；

（二）提出注销申请的；

（三）丧失民事行为能力，监护人提出注销申请的；

（四）身体条件不适合驾驶机动车的；

（五）有器质性心脏病、癫痫病、美尼尔氏症、眩晕症、癔病、震颤麻痹、精神病、痴呆以及影响肢体活动的神经系统疾病等妨碍安全驾驶疾病的；

（六）被查获有吸食、注射毒品后驾驶机动车行为，正在执行社区戒毒、强制隔离戒毒、社区康复措施，或者长期服用依赖性精神药品成瘾尚未戒除的；

（七）超过机动车驾驶证有效期一年以上未换证的；

（八）年龄在 70 周岁以上，在一个记分周期结束后一年内未提交身体条件证明的；或者持有残疾人专用小型自动挡载客汽车准驾车型，在三个记分周期结束后一年内未提交身体条件证明的；

（九）年龄在 60 周岁以上，所持机动车驾驶证只具有无轨电车或者有轨电车准驾车型，或者年龄在 70 周岁以上，所持机动车驾驶证只具有低速载货汽车、三轮汽车、轮式自行机械车准驾车型的；

（十）机动车驾驶证依法被吊销或者驾驶许可依法被撤销的。

有第一款第二项至第十项情形之一，未收回机动车驾驶证的，应当公告机动车驾驶证作废。

有第一款第七项情形被注销机动车驾驶证未超过二年的，机动车驾驶人参加道路交通安全法律法规和相关知识考试合格后，可以恢复驾驶资格。

有第一款第八项情形被注销机动车驾驶证，机动车驾驶证在有效期内或者超过有效期不满一年的，机动车驾驶人提交身体条件证明后，可以恢复驾驶资格。

有第一款第二项至第八项情形之一，按照第二十四条规定申请机动车驾驶证，有道路交通安全违法行为或者交通事故未处理记录的，应当将道路交通安全违法行为、交通事故处理完毕。

第七十八条　持有大型客车、牵引车、城市公交车、中型客车、大型货车驾驶证的驾驶人有下列情形之一的，车辆管理所应当注销其最高准驾车型驾驶资格，并通知机动车驾驶人在三十日内办理降级换证业务：

（一）发生交通事故造成人员死亡，承担同等以上责任，未构成犯罪的；

（二）在一个记分周期内有记满12分记录的；

（三）连续三个记分周期不参加审验的。

机动车驾驶人在规定时间内未办理降级换证业务的，车辆管理所应当公告注销的准驾车型驾驶资格作废。

机动车驾驶人办理降级换证业务后，申请增加被注销的准驾车型的，应当在本记分周期和申请前最近一个记分周期没有记满12分记录，且没有发生造成人员死亡承担同等以上责任的交通事故。

第七十九条　机动车驾驶人在实习期内发生道路交通安全违法行为被记满12分的，注销其实习的准驾车型驾驶资格。被注销的驾驶资格不属于最高准驾车型的，还应当按照第七十八条第一款规定，注销其最高准驾车型驾驶资格。

持有大型客车、牵引车、城市公交车、中型客车、大型货车驾驶证的驾驶人在一年实习期内记6分以上但未达到12分的，实习期限延长一年。在延长的实习期内再次记6分以上但未达到12分的，注销其实习的准驾车型驾驶资格。

第八十条　机动车驾驶人联系电话、联系地址等信息发生变化，以及持有大型客车、牵引车、城市公交车、中型客车、大型货车驾驶证的驾驶人从业单位等信息发生变化的，应当在信息变更后三十日内，向驾驶证核发地车辆管理所备案。

第八十一条　道路运输企业应当定期将聘用的机动车驾驶人向所在地公安机关交通管理部门备案，督促及时处理道路交通安全违法行为、交通事故和参加机动车驾驶证审验。

公安机关交通管理部门应当每月向辖区内交通运输主管部门、运输企业通报机动车驾驶人的道路交通违法行为、记分和交通事故等情况。

第四节　校车驾驶人管理

第八十二条　校车驾驶人应当依法取得校车驾驶资格。

取得校车驾驶资格应当符合下列条件：

（一）取得相应准驾车型驾驶证并具有三年以上驾驶经历，年龄在25周岁以上、不超过60周岁；

（二）最近连续三个记分周期内没有被记满12分记录；

（三）无致人死亡或者重伤的交通事故责任记录；

（四）无酒后驾驶或者醉酒驾驶机动车记录，最近一年内无驾驶客运车辆超员、超速等严重交通违法行为记录；

（五）无犯罪记录；

（六）身心健康，无传染性疾病，无癫痫病、精神病等可能危及行车安全的疾病病史，无酗酒、吸毒行为记录。

第八十三条　机动车驾驶人申请取得校车驾驶资格，应当向县级或者设区的市级公安机关交通管

理部门提出申请,填写申请表,并提交以下证明、凭证:

(一) 申请人的身份证明;

(二) 机动车驾驶证;

(三) 县级或者部队团级以上医疗机构出具的有关身体条件的证明。

第八十四条 公安机关交通管理部门自受理申请之日起五日内审查提交的证明、凭证,并向所在地县级公安机关核查,确认申请人无犯罪、吸毒行为记录。对符合条件的,在机动车驾驶证上签注准许驾驶校车及相应车型,并通报教育行政部门;不符合条件的,应当书面说明理由。

第八十五条 校车驾驶人应当在每个记分周期结束后三十日内到公安机关交通管理部门接受审验。审验时,应当提交县级或者部队团级以上医疗机构出具的有关身体条件的证明,参加不少于三小时的道路交通安全法律法规、交通安全文明驾驶、应急处置等知识学习,并接受交通事故案例警示教育。

第八十六条 公安机关交通管理部门应当与教育行政部门和学校建立校车驾驶人的信息交换机制,每月通报校车驾驶人的交通违法、交通事故和审验等情况。

第八十七条 校车驾驶人具有下列情形之一的,公安机关交通管理部门应当注销其校车驾驶资格,通知机动车驾驶人换领机动车驾驶证,并通报教育行政部门和学校:

(一) 提出注销申请的;

(二) 年龄超过60周岁的;

(三) 在致人死亡或者重伤的交通事故负有责任的;

(四) 有酒后驾驶或者醉酒驾驶机动车,以及驾驶客运车辆超员、超速等严重交通违法行为的;

(五) 有记满12分或者犯罪记录的;

(六) 有传染性疾病、癫痫病、精神病等可能危及行车安全的疾病,有酗酒、吸毒行为记录的。

未收回签注校车驾驶许可的机动车驾驶证的,应当公告其校车驾驶资格作废。

第六章 法律责任

第八十八条 隐瞒有关情况或者提供虚假材料申领机动车驾驶证的,申请人在一年内不得再次申领机动车驾驶证。

申请人在考试过程中有贿赂、舞弊行为的,取消考试资格,已经通过考试的其他科目成绩无效;申请人在一年内不得再次申领机动车驾驶证。

申请人以欺骗、贿赂等不正当手段取得机动车驾驶证的,公安机关交通管理部门收缴机动车驾驶证,撤销机动车驾驶许可;申请人在三年内不得再次申领机动车驾驶证。

第八十九条 申请人在教练员或者学车专用标识签注的指导人员随车指导下,使用符合规定的机动车学习驾驶中有道路交通安全违法行为或者发生交通事故的,按照《道路交通安全法实施条例》第二十条规定,由教练员或者随车指导人员承担责任。

第九十条 申请人在道路上学习驾驶时,未按照第三十九条规定随身携带学习驾驶证明,由公安机关交通管理部门处二十元以上二百元以下罚款。

第九十一条 申请人在道路上学习驾驶时,有下列情形之一的,由公安机关交通管理部门对教练员或者随车指导人员处二十元以上二百元以下罚款:

(一) 未按照公安机关交通管理部门指定的路线、时间进行的;

（二）未按照第三十九条规定放置、粘贴学车专用标识的。

第九十二条 申请人在道路上学习驾驶时，有下列情形之一的，由公安机关交通管理部门对教练员或者随车指导人员处二百元以上五百元以下罚款：

（一）未使用符合规定的机动车的；

（二）自学用车搭载随车指导人员以外的其他人员的。

第九十三条 申请人在道路上学习驾驶时，有下列情形之一的，由公安机关交通管理部门按照《道路交通安全法》第九十九条第一款第一项规定予以处罚：

（一）未取得学习驾驶证明的；

（二）学习驾驶证明超过有效期的；

（三）没有教练员或者随车指导人员的；

（四）由不符合规定的人员随车指导的。

将机动车交由有前款规定情形之一的申请人驾驶的，由公安机关交通管理部门按照《道路交通安全法》第九十九条第一款第二项规定予以处罚。

第九十四条 机动车驾驶人有下列行为之一的，由公安机关交通管理部门处二十元以上二百元以下罚款：

（一）机动车驾驶人补领机动车驾驶证后，继续使用原机动车驾驶证的；

（二）在实习期内驾驶机动车不符合第七十五条规定的；

（三）驾驶机动车未按规定粘贴、悬挂实习标志或者残疾人机动车专用标志的；

（四）持有大型客车、牵引车、城市公交车、中型客车、大型货车驾驶证的驾驶人，未按照第八十条规定申报变更信息的。

有第一款第一项规定情形的，由公安机关交通管理部门收回原机动车驾驶证。

第九十五条 机动车驾驶人有下列行为之一的，由公安机关交通管理部门处二百元以上五百元以下罚款：

（一）机动车驾驶证被依法扣押、扣留或者暂扣期间，采用隐瞒、欺骗手段补领机动车驾驶证的；

（二）机动车驾驶人身体条件发生变化不适合驾驶机动车，仍驾驶机动车的；

（三）逾期不参加审验仍驾驶机动车的。

有第一款第一项、第二项规定情形之一的，由公安机关交通管理部门收回机动车驾驶证。

第九十六条 伪造、变造或者使用伪造、变造的机动车驾驶证的，由公安机关交通管理部门予以收缴，依法拘留，并处二千元以上五千元以下罚款；构成犯罪的，依法追究刑事责任。

第九十七条 交通警察有下列情形之一的，按照有关规定给予纪律处分；聘用人员有下列情形之一的予以解聘。构成犯罪的，依法追究刑事责任：

（一）为不符合机动车驾驶许可条件、未经考试、考试不合格人员签注合格考试成绩或者核发机动车驾驶证的；

（二）减少考试项目、降低评判标准或者参与、协助、纵容考试作弊的；

（三）为不符合规定的申请人发放学习驾驶证明、学车专用标识的；

（四）与非法中介串通谋取经济利益的；

（五）违反规定侵入机动车驾驶证管理系统，泄漏、篡改、买卖系统数据，或者泄漏系统密码的；

（六）参与或者变相参与驾驶培训机构经营活动的；

（七）收取驾驶培训机构、教练员、申请人或者其他相关人员财物的。

交通警察未按照第五十条第一款规定使用执法记录仪的，根据情节轻重，按照有关规定给予纪律处分。

公安机关交通管理部门有本条第一款所列行为之一的，按照国家有关规定对直接负责的主管人员和其他直接责任人员给予相应的处分。

第七章　附　则

第九十八条　国家之间对机动车驾驶证有互相认可协议的，按照协议办理。

国家之间签订有关协定涉及机动车驾驶证的，按照协定执行。

第九十九条　机动车驾驶人可以委托代理人代理换证、补证、提交身体条件证明、延期办理和注销业务。代理人申请机动车驾驶证业务时，应当提交代理人的身份证明和机动车驾驶人与代理人共同签字的申请表或者身体条件证明。

第一百条　机动车驾驶证和学习驾驶证明的式样、规格按照中华人民共和国公共安全行业标准《中华人民共和国机动车驾驶证件》执行。

第一百零一条　身体条件证明自出具之日起6个月内有效。

第一百零二条　拖拉机驾驶证的申领和使用另行规定。拖拉机驾驶证式样、规格应当符合中华人民共和国公共安全行业标准《中华人民共和国机动车驾驶证件》的规定。

第一百零三条　本规定下列用语的含义：

（一）身份证明是指：

1. 居民的身份证明，是《居民身份证》或者《临时居民身份证》。在户籍地以外居住的内地居民，按照第十九条、第二十一条、第二十二条、第八十三条规定提交的身份证明，是《居民身份证》或者《临时居民身份证》，以及公安机关核发的居住证明；

2. 现役军人（含武警）的身份证明，是《居民身份证》或者《临时居民身份证》。在未办理《居民身份证》前，是军队有关部门核发的《军官证》、《文职干部证》、《士兵证》、《离休证》、《退休证》等有效军人身份证件，以及其所在的团级以上单位出具的本人住所证明；

3. 香港、澳门特别行政区居民的身份证明，是其入境时所持有的《港澳居民来往内地通行证》或者外交部核发的《中华人民共和国旅行证》，香港、澳门特别行政区《居民身份证》和公安机关核发的住宿登记证明；

4. 台湾地区居民的身份证明，是其所持有的公安机关核发的五年有效的《台湾居民来往大陆通行证》或者外交部核发的《中华人民共和国旅行证》和公安机关核发的住宿登记证明；

5. 华侨的身份证明，是《中华人民共和国护照》和公安机关核发的住宿登记证明；

6. 外国人的身份证明，是其入境时所持有的护照或者其他旅行证件、居（停）留期为三个月以上的有效签证或者停留、居留证件，以及公安机关核发的住宿登记证明；

7. 外国驻华使馆、领馆人员、国际组织驻华代表机构人员的身份证明，是外交部核发的有效身份证件。

（二）住址是指：

1. 居民的住址，是《居民身份证》或者《临时居民身份证》记载的住址；

2. 现役军人（含武警）的住址，是《居民身份证》或者《临时居民身份证》记载的住址。在未办理《居民身份证》前，是其所在的团级以上单位出具的本人住所证明记载的住址；

3. 境外人员的住址，是公安机关核发的住宿登记证明记载的地址；

4. 外国驻华使馆、领馆人员及国际组织驻华代表机构人员的住址，是外交部核发的有效身份证件记载的地址。

（三）境外机动车驾驶证是指外国、香港、澳门特别行政区、台湾地区核发的具有单独驾驶资格的机动车驾驶证。

第一百零四条　本规定所称"以上"、"以下"均包含本数在内。

本规定所称"一日"、"五日"、"七日"、"十日"、"十五日"，是指工作日，不包括节假日。

附件：

1. 准驾车型及代号
2. 道路交通安全违法行为记分分值
3. 实习标志式样
4. 残疾人机动车专用标志

附件1

准驾车型及代号

准驾车型	代号	准驾的车辆	准予驾驶的其他准驾车型
大型客车	A1	大型载客汽车	A3、B1、B2、C1、C2、C3、C4、M
牵引车	A2	重型、中型全挂、半挂汽车列车	B1、B2、C1、C2、C3、C4、M
城市公交车	A3	核载10人以上的城市公共汽车	C1、C2、C3、C4
中型客车	B1	中型载客汽车（含核载10人以上、19人以下的城市公共汽车）	C1、C2、C3、C4、M
大型货车	B2	重型、中型载货汽车；大、重、中型专项作业车	C1、C2、C3、C4、M
小型汽车	C1	小型、微型载客汽车以及轻型、微型载货汽车；轻、小、微型专项作业车	C2、C3、C4
小型自动挡汽车	C2	小型、微型自动挡载客汽车以及轻型、微型自动挡载货汽车	
低速载货汽车	C3	低速载货汽车（原四轮农用运输车）	C4
三轮汽车	C4	三轮汽车（原三轮农用运输车）	
普通三轮摩托车	D	发动机排量大于50ml或者最大设计车速大于50km/h的三轮摩托车	E、F
普通二轮摩托车	E	发动机排量大于50ml或者最大设计车速大于50km/h的二轮摩托车	F
轻便摩托车	F	发动机排量小于或等于50ml，最大设计车速小于或等于50km/h的摩托车	
轮式自行机械车	M	轮式自行机械车	
无轨电车	N	无轨电车	
有轨电车	P	有轨电车	

附件2

道路交通安全违法行为记分分值

一、机动车驾驶人有下列违法行为之一，一次记12分：

（一）驾驶与准驾车型不符的机动车的；

（二）饮酒后驾驶机动车的；

（三）驾驶营运客车（不包括公共汽车）、校车载人超过核定人数20%以上的；

（四）造成交通事故后逃逸，尚不构成犯罪的；

（五）上道路行驶的机动车未悬挂机动车号牌的，或者故意遮挡、污损、不按规定安装机动车号牌的；

（六）使用伪造、变造的机动车号牌、行驶证、驾驶证、校车标牌或者使用其他机动车号牌、行驶证的；

（七）驾驶机动车在高速公路上倒车、逆行、穿越中央分隔带掉头的；

（八）驾驶营运客车在高速公路车道内停车的；

（九）驾驶中型以上载客载货汽车、校车、危险物品运输车辆在高速公路、城市快速路上行驶超过规定时速20%以上或者在高速公路、城市快速路以外的道路上行驶超过规定时速50%以上，以及驾驶其他机动车行驶超过规定时速50%以上的；

（十）连续驾驶中型以上载客汽车、危险物品运输车辆超过4小时未停车休息或者停车休息时间少于20分钟的；

（十一）未取得校车驾驶资格驾驶校车的。

二、机动车驾驶人有下列违法行为之一，一次记6分：

（一）机动车驾驶证被暂扣期间驾驶机动车的；

（二）驾驶机动车违反道路交通信号灯通行的；

（三）驾驶营运客车（不包括公共汽车）、校车载人超过核定人数未达20%的，或者驾驶其他载客汽车载人超过核定人数20%以上的；

（四）驾驶中型以上载客载货汽车、校车、危险物品运输车辆在高速公路、城市快速路上行驶超过规定时速未达20%的；

（五）驾驶中型以上载客载货汽车、校车、危险物品运输车辆在高速公路、城市快速路以外的道路上行驶或者驾驶其他机动车行驶超过规定时速20%以上未达到50%的；

（六）驾驶货车载物超过核定载质量30%以上或者违反规定载客的；

（七）驾驶营运客车以外的机动车在高速公路车道内停车的；

（八）驾驶机动车在高速公路或者城市快速路上违法占用应急车道行驶的；

（九）低能见度气象条件下，驾驶机动车在高速公路上不按规定行驶的；

（十）驾驶机动车运载超限的不可解体的物品，未按指定的时间、路线、速度行驶或者未悬挂明显标志的；

（十一）驾驶机动车载运爆炸物品、易燃易爆化学物品以及剧毒、放射性等危险物品，未按指定的时间、路线、速度行驶或者未悬挂警示标志并采取必要的安全措施的；

（十二）以隐瞒、欺骗手段补领机动车驾驶证的；

（十三）连续驾驶中型以上载客汽车、危险物品运输车辆以外的机动车超过4小时未停车休息或者停车休息时间少于20分钟的；

（十四）驾驶机动车不按照规定避让校车的。

三、机动车驾驶人有下列违法行为之一，一次记3分：

（一）驾驶营运客车（不包括公共汽车）、校车以外的载客汽车载人超过核定人数未达20%的；

（二）驾驶中型以上载客载货汽车、危险物品运输车辆在高速公路、城市快速路以外的道路上行驶或者驾驶其他机动车行驶超过规定时速未达20%的；

（三）驾驶货车载物超过核定载质量未达30%的；

（四）驾驶机动车在高速公路上行驶低于规定最低时速的；

（五）驾驶禁止驶入高速公路的机动车驶入高速公路的；

（六）驾驶机动车在高速公路或者城市快速路上不按规定车道行驶的；

（七）驾驶机动车行经人行横道，不按规定减速、停车、避让行人的；

（八）驾驶机动车违反禁令标志、禁止标线指示的；

（九）驾驶机动车不按规定超车、让行的，或者逆向行驶的；

（十）驾驶机动车违反规定牵引挂车的；

（十一）在道路上车辆发生故障、事故停车后，不按规定使用灯光和设置警告标志的；

（十二）上道路行驶的机动车未按规定定期进行安全技术检验的。

四、机动车驾驶人有下列违法行为之一，一次记2分：

（一）驾驶机动车行经交叉路口不按规定行车或者停车的；

（二）驾驶机动车有拨打、接听手持电话等妨碍安全驾驶的行为的；

（三）驾驶二轮摩托车，不戴安全头盔的；

（四）驾驶机动车在高速公路或者城市快速路上行驶时，驾驶人未按规定系安全带的；

（五）驾驶机动车遇前方机动车停车排队或者缓慢行驶时，借道超车或者占用对面车道、穿插等候车辆的；

（六）不按照规定为校车配备安全设备，或者不按照规定对校车进行安全维护的；

（七）驾驶校车运载学生，不按照规定放置校车标牌、开启校车标志灯，或者不按照经审核确定的线路行驶的；

（八）校车上下学生，不按照规定在校车停靠站点停靠的；

（九）校车未运载学生上道路行驶，使用校车标牌、校车标志灯和停车指示标志的；

（十）驾驶校车上道路行驶前，未对校车车况是否符合安全技术要求进行检查，或者驾驶存在安全隐患的校车上道路行驶的；

（十一）在校车载有学生时给车辆加油，或者在校车发动机引擎熄灭前离开驾驶座位的。

五、机动车驾驶人有下列违法行为之一，一次记1分：

（一）驾驶机动车不按规定使用灯光的；

（二）驾驶机动车不按规定会车的；

（三）驾驶机动车载货长度、宽度、高度超过规定的；

（四）上道路行驶的机动车未放置检验合格标志、保险标志，未随车携带行驶证、机动车驾驶证的。

附件3

实习标志式样

一、汽车实习标志式样

比例：1:1

注：1. 实习标志的主色为黄色■Y100，配色为桔红色■M80Y100
　　2. "实习"两字用大小为250磅的粗楷体
　　3. 在实习期内驾驶机动车的，应当在车身后部粘贴或悬挂实习标志

二、摩托车实习标志式样

注：1. 实习标志的主色为黄色■Y100，配色为桔红色■M80Y100
　　2. "实习"两字用大小为130磅的粗楷体
　　3. 在实习期内驾驶机动车的，应当在车身后部粘贴或悬挂实习标志

附件 4

残疾人机动车专用标志

式样

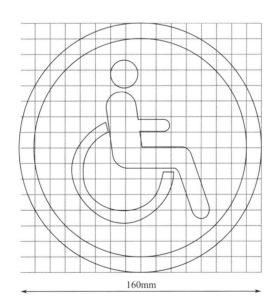

方格尺寸图

颜色值：

 $C=100$，$M=80$，$Y=5$，$K=0$

使用规定：

1. 残疾人驾驶机动车时，应当在车身前部和后部分别设置专用标志。
2. 专用标志应当设置在车身距离地面 0.4m 以上 1.2m 以下的位置。

参考文献

［1］ 张西振.汽车发动机构造与维修.北京：机械工业出版社，2005.
［2］ 晏克非.汽车行驶基本理论与性能.北京：人民交通出版社，1997.
［3］ 范立.汽车驾驶与交通安全.北京：人民交通出版社，2004.
［4］ 姚时俊、黄荣贵.汽车驾照考领指南.北京：人民交通出版社，2005.
［5］ 宋立达.汽车驾驶经验宝典.北京：中央编译出版社，2004.
［6］ 中华人民共和国道路交通安全法.2008.
［7］ 中华人民共和国交通部.安全驾驶从这里开始.北京：人民交通出版社，2005.